听首席专家讲述中华文明探源工程

作者　王巍

人民东方出版传媒
People's Oriental Publishing & Media
東方出版社
The Oriental Press

目录

绪论

问题的提出

◎ 中华文明是世界四大文明之一，延绵至今未曾中断，在人类文明史上占有独特而重要的地位。同时，中华文明也是中国历史研究和世界文明研究的重要课题。中华文明的优秀基因融入了中华民族的血脉，塑造了中华民族的思想品质和价值观，正如习近平总书记所指出的：“中国有坚定的道路自信、理论自信、制度自信，其本质是建立在5000多年文明传承基础上的文化自信。”研究中华文明起源、形成和发展的历史进程，彰显中华文明的成就和对人类文明作出的伟大贡献，对于增强当代中国人的民族历史自信和文化自信具有极为重要的意义。

中国古代史籍把黄帝和炎帝时期作为中华文明的肇始，但古史文献中关于炎黄时代的记述带有不少神话色彩，属于古代传说，不能作为信史。事实上，直到20世纪末，国内和国际学术界都有一些学者对中华民族拥有5000多年文明史持怀疑甚至否定态度。国内史学界很多学者认为，中华文明开始于中国历史上的第一个王朝——夏朝；而部分国外学者和个别国内学者怀疑甚至否定夏朝是一个真正存在过的王朝，认为古代中国进入文明社会的时代只能从被甲骨文所证明的商朝后期开始算起。

面对这些质疑，验证中华文明五千年历史的出路只有一个——考古发现！因此，开展一项探寻中华文明起源、形成与发展的综合性、多学科大型考古研究工程项目实为刻不容缓之举，以解答如下几个关乎中华文明起源的重要问题：

一、中华文明是何时形成的？有多久的历史？

二、中华文明是如何起源、形成和发展的？中华文明从“多元起源”到“以中原王朝为引领的一体化趋势”是如何形成的？

三、中华文明为何会走出一条多元一体、源远流长、延绵不绝的道路？

四、中华文明起源、形成、发展的道路和机制有何特点？

五、中华文明在世界文明史中的地位如何？

中华文明五千年是历史真实还是传说、号称？

致力于研究中华文明起源的原因

● **质疑**
国外对中华五千年文明的质疑：
普遍把商代晚期作为中华文明历史的开端

● **传说**
文献中关于五帝的记载被认为只是传说，不足为信

● **出路**
出路只有一个：考古发现！依靠考古发现寻找证据

● **决心**
下定决心，从 2000 年起，把主要精力投入到中华文明起源的研究上

● **目标**
研究中华文明起源、形成和发展历程，直面中华文明究竟是不是具有五千年的历史

● **发表**
2001 年，在《光明日报》上发表了对开展中华文明起源研究的总体思路和课题设置的建议

为了解答这些无疑是当代中国人最为关切的中华文明起源问题，2001 年春季，在“夏商周断代工程”结束之后，一些参加“断代工程”的学者积极向科技部建议，支持开展中华文明起源、形成与早期发展的多学科综合研究。2001 年底，科技部决定实施“中华文明探源工程”。2002 年春，国家科技攻关项目——“中华文明起源与早期发展综合研究”（简称“探源工程”）启动了为期两年的预备性研究。这项先后作为国家科技攻关、科技支撑、重点研发计划项目的研究，是迄今为止中国规模最大的综合性多学科参与研究的人文科学重大问题国家级科研项目，到今年春季已经进行了整整 20 年。在这 20 年间，探源工程在科技部、国家文物局等部门的支持下，在参加工程的近 20 个学科（几乎涵盖了

西周初年青铜器“何尊”铭文中的“宅兹中国”

所有自然科学一级学科）的近400位学者的共同努力下，取得了显著成果。

“中华文明探源工程对中华文明的起源、形成、发展的历史脉络，对中华文明多元一体格局的形成和发展过程，对中华文明的特点及其形成原因等，都有了较为清晰的认识。”习近平总书记如是评价中华文明探源工程。

为了向广大人民群众展示中华文明探源工程这20年来的考古发现与科学研究的辉煌成果，笔者编撰了这一部《听首席专家讲述中华文明探源工程》。本书力图对探源工程的宗旨、思路与方法及其主要内容和研究成果进行深度阐释；同时，配合考古现场和出土文物的实物照片等一手材料，真实再现探源工程对我国距今5500年至3500年间各地区重要文明遗址的考古发现；用见证中华文明发展历程和辉煌成就的一处处遗址和一件件珍贵文物，实证中华民族5000年文明历史。

中华文明探源工程通过艰苦卓绝的考古发现与系统、严谨的科学研究，揭示了中华文明的丰富内涵和我国各地区史前文明演进的状况，并提出判断进入文明社会标志的中国方案——这无疑是探源工程最为重要的使命之一！本书对这些内容作了详细介绍，竭力以探源研究向世界昭示的这条源远流长而光耀千古的煌煌五千年中华文明起源、形成和发展的历史进程，馈飨读者朋友。

第一章
关于“中华文明探源工程”

◎ 2002 年，笔者受命担任中华文明探源工程预备性研究的负责人。此后，工程正式启动，笔者和北京大学赵辉教授担任项目负责人。

中华文明探源工程秉持“多学科、多角度、多层次、全方位”的理念，围绕公元前 3500 年到公元前 1500 年期间的浙江余杭良渚、山西襄汾陶寺、陕西神木石峁、河南偃师二里头四处都邑性遗址和黄河流域、长江流域、辽河流域的其他 20 个左右的中心性遗址实施重点发掘，并对这些遗址周边的聚落群开展大规模考古调查，在此基础上开展多学科综合研究，对各个区域的文明化进程、环境背景、生业形态、社会分化、相互交流以及中华文明多元一体格局的形成过程、模式与机制、道路、特点进行多学科综合研究。根据中国的材料，兼顾其他古老文明，提出了判断进入文明社会的新标准；提出距今 5300 年前，一些文化和社会发展较快的地区已经出现了早期国家，跨入了古国文明的阶段；提出距今 5300 年前，在黄河中下游、长江中下游和辽河流域等地的社会上层之间，形成了一个交流互动圈，形成了对龙的崇拜、以玉为贵的理念，以某几类珍贵物品彰显持有者尊贵身份的礼制，等等。此外，探源研究发现，我国各个区域文明之间以及与域外其他文明之间的交流互动，促进了中华文明的发展。

中华文明探源工程

迄今为止，世界上规模最大的研究古老文明起源、形成的综合性研究项目。

● 参与学科多

共有十几个学科的学者直接参加研究，包括考古学、历史文献学、古文字学、天文学、环境科学、体质人类学、遗传学，古植物学、古动物学、物理学的科学测年，以及物质结构和成分分析、地质学、遥感科学、计算机科学等学科。

● 参加研究人数多

直接参加工程研究的共有 400 多位学者，其中近一半为教授，有多位中国科学院、中国工程院院士和中国社科院学部委员。

● 历时长久

从 2002 年“十五”到 2022 年“十四五”，探源工程已经开展了 20 年，是迄今为止持续时间最长的大型人文科学与自然科学结合的研究项目。

● 重要发现多

自 2002 年启动以来，在全国近千项考古发掘中，探源工程的发掘项目获得“全国十大考古发现”和“社科院考古论坛六大发现”的达十几项。浙江良渚和陕西石峁、山西陶寺、湖北石家河等遗址的考古发现入选世界考古论坛评选的“世界十项重大考古发现”；此外，探源工程还入选了世界九项重大研究成果。

第一节
“中华文明探源工程”的背景与缘起

一、20 世纪学术界对中华文明起源的探索

自1921 年中国考古学诞生以来，大量考古发现为研究中国古代文明史提供了宝贵的资料。郭沫若等通过出土的商代甲骨文结合古代文献研究古代社会，可以说是中国学者研究中国古代文明的发端。20 世纪 80 年代，在浙江余杭良渚（图 1-1）、安徽含山凌家滩（图 1-2）、辽宁喀左牛河梁（图 1-3）、山西襄汾陶寺[1]（图 1-4）等遗址，先后发现了社会分化严重的墓葬，其年代集中在新石器时代晚期和末期，早于夏王朝建立的时期。这些考古发现引发了中国考古学者和古代史学者研究中华文明起源的热潮。

1985 年，夏鼐发表了《中国文明的起源》[2]，这是中国学者首次利用考古资料，直面中华文明起源问题的研究。稍后，苏

【1】浙江省文物考古研究所:《瑶山》, 北京, 文物出版社, 2003 年; 浙江省文物考古研究所:《反山》, 北京, 文物出版社, 2005 年; 安徽省文物考古研究所:《凌家滩——田野考古发掘报告之一》, 北京, 文物出版社, 2006 年; 辽宁省文物考古研究所:《牛河梁——红山文化遗址发掘报告（1983—2003 年度）》, 北京, 文物出版社, 2012 年; 中国社会科学院考古研究所、山西省临汾市文物局:《襄汾陶寺 1978—1985 年考古发掘报告》, 北京, 文物出版社, 2015 年。

【2】夏鼐:《中国文明的起源》, 北京, 文物出版社, 1985 年。

秉琦根据相继出土的与文明起源有关的考古资料，提出了各地文明起源“满天星斗”[1]说 和 “古文化、古城、古国”以及 “古国、方国、帝国”[2]一系列关于文明起源的观点。他们的研究为中华文明起源研究奠定了基础。此后，严文明[3]、张忠培[4]、李伯谦[5]、李学勤[6]等围绕中华文明的起源提出了自己的观点，促进了中华文明起源研究。

20 世纪 90 年代初，以中国社会科学院考古研究所为核心组建了中华文明起源研究课题组，把各地研究文明起源的学者组织起来，掀起了中华文明起源研究的高潮。[7]他们循着文字、冶金术、城市等被认为是文明起源的 “要素” 开展研究，其中关于礼制的出现及其与文明起源关系的研究颇具特色。[8]及至 20 世纪末，中国史学界大都是以夏王朝的建立为中华文明的肇始，把距今 5000 多年到 4000 年期间的社会作为原始社会末期的部落联盟阶段。这一千年的社会究竟是处于哪个社会发展阶段，是否已经进入了文明社会，如何评价这一时期的社会发展阶段，关系

【1】苏秉琦：《中国文明起源新探》，北京，生活·读书·新知三联书店，2000 年。

【2】苏秉琦：《辽西古文化古城古国——试论当前考古工作重点和大课题》，《辽海文物学刊》1986 年创刊号。

【3】严文明：《中国史前文化的统一性和多样性》，《文物》1987 年第 3 期；严文明：《农业发生与文明起源》，北京，科学出版社，2000 年。

【4】张忠培：《中国古代文明形成的考古学研究》，《故宫博物院院刊》2000 年第 2 期。

【5】李伯谦：《中国文明的起源与形成》，《华夏考古》1995 年第 4 期。

【6】李学勤主编：《中国古代文明与国家形成研究》，昆明，云南人民出版社，1997 年。

【7】中国社会科学院考古研究所、中国社会科学院古代文明研究中心：《中国文明起源研究要览》，北京，文物出版社，2003 年。

【8】中国社会科学院考古研究所文明起源课题组：《中国文明起源研讨会纪要》，《考古》1992 年第 6 期。

到中华文明的历史究竟有多长，关系到对中华文明的起源、形成、发展脉络的认识，是一个亟待研究和科学论证的问题。

图 1-1 浙江余杭良渚遗址出土的玉器

图 1-2 安徽含山凌家滩遗址出土的玉人

图 1-3　辽宁喀左牛河梁遗址供奉女神的原始宗教圣地

图 1-4　山西襄汾陶寺遗址距今约 4300 年的王墓

二、20 世纪中华文明起源研究存在的问题

在 20 世纪以前，中华文明的起源研究存在一些突出的共性问题，比如缺乏对文明形成标志的研究。及至 20 世纪末，关于中华文明起源的研究主要是历史学或考古学者的个人研究，十分缺乏同学科内部和不同学科之间的协作，尤其是缺乏考古学与自然科学相关学科的有机结合，对作为文明形成重要基础的自然环境的变迁、生业的发展、手工业技术和生产组织的发展变化及这些因素与文明形成关系的研究相当薄弱。更重要的是，以往的研究往往集中于对某一个区域的某一个考古学文化的社会状况分析，缺乏对某一区域文明化进程的整体研究，对各个区域文明之间关系的研究较为薄弱，对以中原地区为引领的历史趋势的形成过程及其原因少有深入探讨，也没有形成较为统一的认识；对中华文明起源、形成、发展的基本背景、内在机制以及各区域文明演进路径等重大问题较少涉及，更缺乏中华文明与世界其他古老文明的对比研究，这使得中国学者不仅在世界文明研究领域缺乏话语权，也缺乏对中华文明的权威阐释。

第二节
“中华文明探源工程”的宗旨与特点

中华文明探源工程的宗旨是以马克思主义为指导，加强考古学与历史学、政治学、社会学等人文社会科学和自然科学各相关学科之间的有机结合，以考古学为基础，多学科联合攻关，在充分吸取前人研究成果的基础上，对中华文明起源与早期发展过程进行多角度、多层次、全方位的综合研究，对中华文明的起源、形成与早期发展的历史进行科学研究与论证，总结早期中华文明的发展道路与特点，及其在人类文明发展史上的地位和贡献，为人类文明发展进程及其多样性的研究作出中国学者的贡献[1]；为增强文化自信，实现民族伟大复兴的中国梦提供精神动力。

文明的起源和形成是一个十分复杂的过程，涉及物质的、精神的和社会制度等方方面面的因素，是各方面因素交互作用的结果。因此，中华文明探源工程的研究，始终秉持着尽可能全面地研究各方面因素在文明起源与形成过程中所发挥作用的指导思想。不同于以往进行的类似专题研究，中华文明探源工程在研究思路和方法上始终保持以下两点的结合：

【1】王巍：《坚持以马克思主义指导中华文明起源研究》，《光明日报》2022年6月6日，理论版。

探源工程是目前世界上规模最大、参加学科最多的综合研究项目

● 工程秉持“多角度、多层次、全方位”的方针，汇集了考古学、文献历史学、古文字学、社会学、政治学、文化人类学等人文社会科学学科和分子生物学、天文学、地质学、环境科学、地理学、农学、古植物学、古动物学、遥感、计算机科学等自然科学的学科，共有 60 个单位的约 400 位学者直接参加工程各个课题的研究。

第一，考古学与古史传说和文献历史学的结合

中华文明起源、形成与发展是历史学和考古学共同面对的问题。历史学为考古学研究提供历史发展的框架和脉络，包括王朝世系、社会的组织结构、政治制度和经济制度等背景，这些对于通过考古资料研究当时的历史是不可或缺的基础资料。考古学为历史学提供的则是历史文献中较少或未载的过去人们的政治生活、经济生活、社会生活遗留下来的实物资料。然而，这些实物资料大都不能直接和古代历史上的人物和事件相联系，需要对这些实物资料及其所包含的历史信息进行阐释。这就需要参考历史文献的相关记载或古史传说。中国文明起源于尚无即时文字记载的古史传说时代，对它的追溯探讨，不得不依靠考古学的进展，这就格外需要将考古学资料与历史文献和古史传说相结合来进行研究。

第二，促进考古学与各种自然科学的有机结合

大量自然科学技术手段的应用是探源工程最大的特色。根据研究的需要，近 20 个自然科学学科的数十种技术与方法（图 1-5 至图 1-10）被用于工程各个课题的研究：

1. 运用加速器质谱仪对出土遗物进行高精度碳 -14 测年；

2. 运用硅酸盐技术研究陶器和原始瓷器的烧制工艺技术；

3. 运用金属学的方法，对出土铜器的金属结构和成分以及制作工艺技术进行分析；

4. 通过人骨中包含的碳、氮同位素研究当时不同地区人们的主食种类（粟、黍或稻），以及不同阶层的人们的蛋白质的摄入量；

5. 通过动物遗骸和骨角制品，探讨不同地区人群的肉食获取方式、动物资源的驯化与利用方式；

6. 通过人体中所含的锶同位素，研究当时人们的迁徙；

7. 通过土壤中粒度、磁化率、孢粉、植硅体、土壤微形态等对各个地区的环境进行研究，进而探讨各地文明的盛衰与环境变化之间的关系；

8. 通过地貌学与遥感技术对各地区遗址的地形地貌和古河道走向等进行考察；

9. 对各地遗址出土人骨的 DNA 进行分析，研究当时人们的体质特征、健康状况、血缘关系以及婚姻与迁徙等情况；

10. 对与天文学有关的遗迹研究，探讨当时的人们关于天文现象、方位和农事节气的知识；

11. 利用 GIS（地理信息系统）对各个时期各个地区聚落的分

◆ 测年技术的应用在探源工程的年代测定中起到关键的支撑作用

图 1-5 CO_2 生成与纯化真空系统

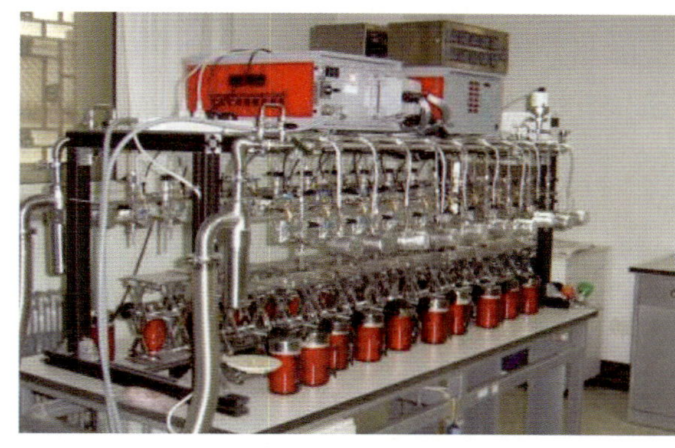

图 1-6 石墨合成真空系统

图 1-7 碳 -14 测年专用加速器

布状况进行研究，探讨当时人们的社会组织状况；

12. 对遗址出土的动物和植物遗骸进行分析，研究各地区文明起源与形成时期的农业经济基础；

13. 运用地质学、材料学的知识，分析铜器、金器和玉石器、绿松石等贵重资源的产地。

◆ DNA 技术在探源工程中的应用

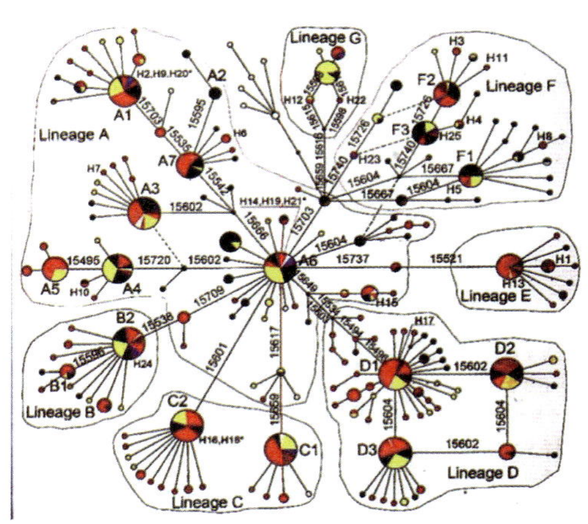

图 1-8 用 DNA 技术测定黄牛、绵羊的起源地以及古代人群关系

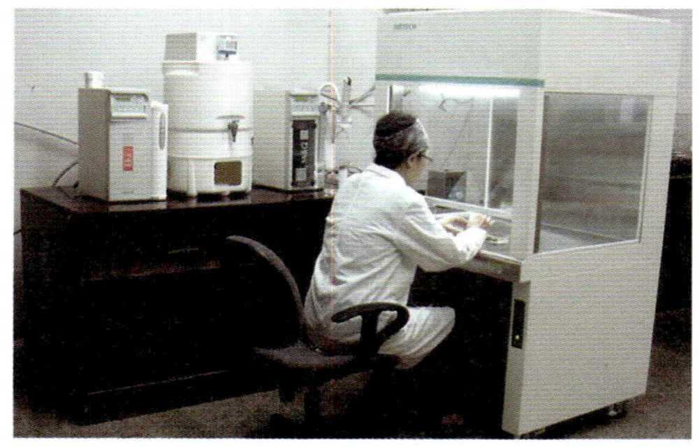

图 1-9 锶同位素技术与动物和人的族群迁徙流动问题研究

◆ 大量的最新技术、新材料被运用到出土文物的现场保护

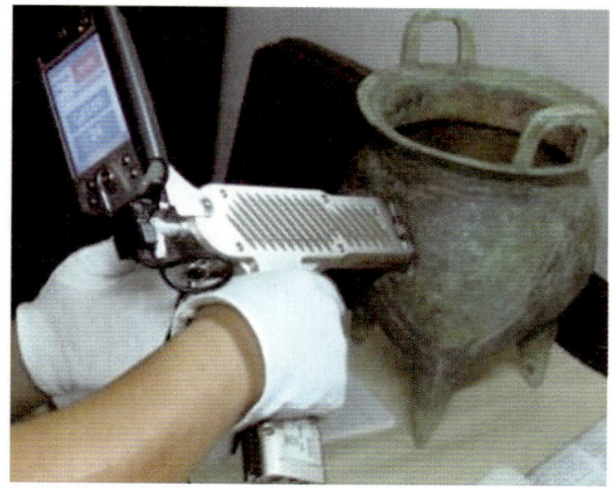

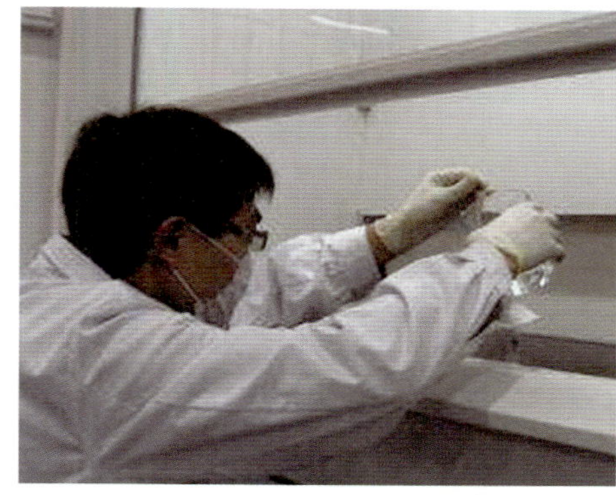

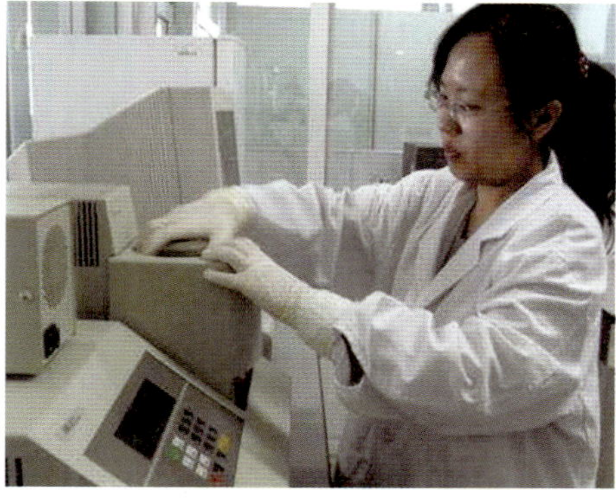

图 1-10 出土文物的保护工作

第三节
“中华文明探源工程”的主要研究内容

针对20世纪文明起源研究存在的问题，中华文明探源工程把中华文明起源研究的以下问题作为研究的重点：

1. **中华文明形成的标志特征**：突破以往判断进入文明社会的“三要素”或三条标准，根据中国的材料，归纳出通过考古资料辨识文明形成的关键特征。

2. **各地区的文明化进程**：探讨各地史前社会从平等的、简单的氏族社会发展演变成为以强化的等级制度和具有强制力的公共权力——国家为特征的文明社会的时间和演进过程。对中华文明来说，国家起源是文明起源与形成研究的核心问题。[1]

3. **各区域文明之间的互动以及以中原地区为中心的多元一体格局的形成过程**：探讨中原地区的核心地位是如何形成的，中原地区和其他地区之间文化的互动关系，各地区的文化和区域文明是如何逐渐融入中华文明的大熔炉之中的，揭示中华文明多元起源、相互促进、碰撞融合、汇聚一体的演化历程，以及各区域的文化或文明在多元一体的中华文明形成和发展过程中发挥的作用（图1-11）。

【1】赵辉：《考古学关于中国文明起源问题的研究》，《古代文明》第2卷，北京，文物出版社，2003年。

4. **中华文明起源与早期发展的过程中与世界其他文明的交流及其作用**：研究中华文明起源、形成和发展过程中与境外其他文明之间发生过怎样的联系，这些联系对于中华文明的发展所发挥的作用。

5. **中华文明起源、形成与早期发展的背景、原因、机制、特点**：研究中华文明是在什么样的自然环境背景、文化背景和社会背景下形成和发展起来的，为什么会这样发展；推动中华文明起源发展的动力或因素有哪些，这些动力或因素是如何发挥作用的，彼此之间有何内在联系；通过与其他古代文明的比较，探索中华文

图 1-11 中华文明早期的多元一体格局（玉璧的谱系 上排依次为浙江良渚遗址、山西陶寺遗址、河南殷墟遗址，下排依次为四川三星堆遗址和金沙遗址）

明起源形成与发展的道路及其特点，进而探讨导致这些特点和道路形成的原因。

简言之，中华文明起源研究的核心，是探索各地区社会如何由简单聚落发展为国家形态的过程，以及在这一过程中，经济、技术、环境和人群流动等种种因素都发挥了怎样的作用。针对良渚、陶寺、凌家滩等发现贫富分化严重的墓葬，却对遗址的规模、功能分区以及周围聚落分布等信息了解不够的情况，探源工程将在这些重点遗址寻找高等级建筑、城墙和附近分布的聚落群作为工作重点。因为只有墓葬反映的贫富分化还不足以探讨上述一系列重大问题。正是在这一主攻方向的指引下，考古工作者把主要精力放在遗址规模的确定，以及城墙的有无、高等级建筑的规模和性质等最能彰显王权存在的重要遗迹的寻找上，取得了一系列重要突破。探源研究以各地区都邑遗址的田野考古工作为核心，兼顾社会各个阶层，探讨国家的起源和王权的出现与强化过程，运用多学科手段探究文明起源过程中各方面的因素及其发挥作用的方式，动态描述中华文明起源与早期发展阶段的社会样态。

第二章

社会分化 文明曙光

◎ 中华文明探源工程实施以来，通过对黄河上中下游、长江上中下游和辽河流域等地区距今 5800 年至 4000 年前后的中心性遗址及其所在地区进行考古调查和重点发掘，对各个区域的文明化进程——即文化的发展、社会的分化和迈向文明社会的进程——有了较为清晰的认识。研究结果表明，大约从距今 5800 年开始，各个区域相继出现较为明显的社会分化，标志着各地区相继进入了文明起源的加速阶段。这些区域的文明化进程具有以下一些共性：农业和手工业的发展，人口显著增加，社会结构出现显著变化，出现了面积达百万平方米的大型聚落，说明出现了人口向政治中心集中的现象；社会分化日益严重，出现了脱离劳动、专门掌管集团公共事务的管理阶层和掌握军事指挥权力的首领，以及琢玉、制骨、冶铜等高技术含量的手工业专业工匠家族；社会出现明显的贫富贵贱分化，社会财富被权贵阶层和家族所占有。与此同时，各个区域发现的此阶段的遗址，表现出各个地区的文明化进程具有一些不同的特点。

同时，大约从 5800 年前开始，在黄河、长江流域许多地方的村落群中出现了中心聚落，如陕西华县泉护村[1]、河南灵宝铸

【1】北京大学考古学系著、中国社会科学院考古研究所编：《华县泉护村》，北京，科学出版社，2003 年；陕西省考古研究院等编著：《华县泉护村——1997 年考古发掘报告》，北京，文物出版社，2014 年。

鼎原、江苏张家港东山村、湖南澧县城头山、安徽含山凌家滩等遗址，它们的面积达几十万甚至近百万平方米，远大于周围的几万平方米大小的普通村落。社会的复杂化在聚落之间和中心聚落内部全面展开了。

中心聚落的出现是划时代的新事物。它俨然是个实力超众的“领袖”，把那些差别不大的普通村落逐渐整合成一个更大的整体。作为一个整体，它进而和比邻的群落建立起种种关系。于是，在聚落群内部和聚落群之间的关系上开始出现了前所未有的政治因素。这种以一座大型聚落为中心，聚集多座普通村落的社会结构很像先秦文献记载的五帝时代的“邦”“国”，兹称之为“古国”。而自大约 5800 年前以来，古国这种社会组织结构，已经是各地比较普遍的存在，史前中国从此进入了“天下万国”的古国时代。[1]本章重点介绍这一时期中原地区、长江中游地区和长江下游地区具有代表性的三处重要文明遗址——河南灵宝铸鼎原遗址群、湖南澧县城头山遗址以及江苏张家港东山村遗址。

【1】赵辉:《考古学对中国文明起源的探索历程》，载于袁靖主编:《中国新石器时代考古讲义》，上海，复旦大学出版社，2020 年。

第一节
中原地区——河南灵宝铸鼎原遗址群

大约自距今 5800 年开始，正处于中期仰韶文化（距今 6000—5300 年）的中原地区出现了最早的社会分化现象，且该现象主要集中于黄河中游地区。

河南灵宝铸鼎原遗址群（图 2-1）是这一时期黄河中游地区较有代表性的考古发现。探源工程的考古工作者在铸鼎原遗址群发现了数个年代在距今 5800 年到 5500 年的超大型聚落和一批同时期的中小型聚落。如此规模的大型聚落以及数量众多的中小型

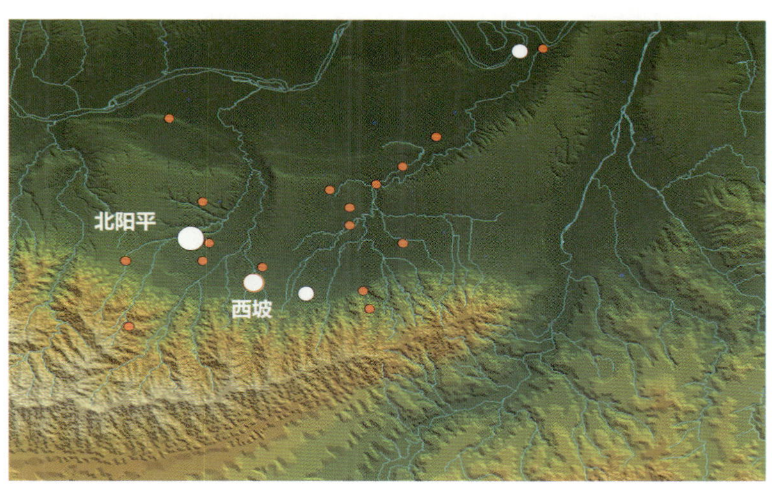

图 2-1 河南灵宝铸鼎原遗址群

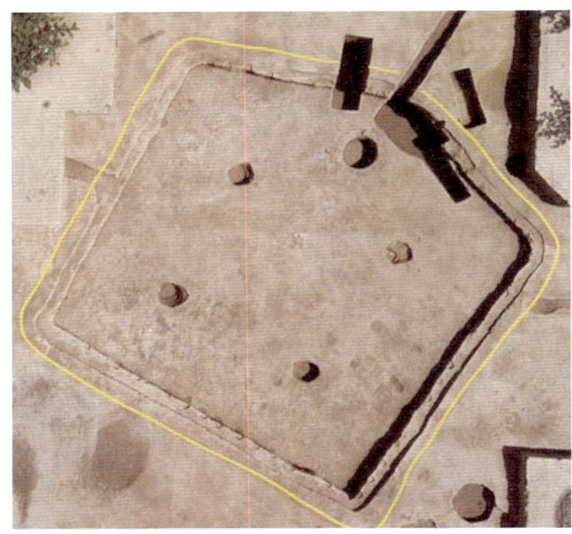

图 2-2 遗址中心广场附近的大型建筑址

图 2-3 大型建筑连同室外回廊总面积超 500 平方米

聚落聚集在一起的现象是此前在全国范围内所未有的，反映出当时中原地区人口的显著增长并异乎寻常地集中于此地的现象。值得注意的是，该地区名为“铸鼎原”，其名称来自黄帝曾在此地铸铜鼎的传说。恰恰在黄帝、炎帝集团活动的区域内，在被认为可能是黄帝、炎帝集团兴起的时间段内出现了大型聚落集中分布的情况，发人深思！

铸鼎原遗址群中，有数个面积在数十万乃至接近百万平方米的大型遗址。其中，北阳平遗址和五帝遗址面积皆为 70 多万平方米。而经过大规模发掘的西坡遗址，总面积接近 100 万平方米，其围沟聚落内面积为 40 万平方米[1]。遗址周围有宽达十米的围沟环绕，显然是用作军事防御设施的。在遗址中心部位有一个广场，广场周围有四座大型建筑基址。基址的室内面积达 240 多平方米（图 2-2），连同室外回廊等附属设施，总面积超过 500 平方米（图 2-3）。这些大型建筑制作得十分考究，墙壁和地面经过加工，十分平整光滑。它们应是该大型聚落中权贵人物居住和举行各种仪式的场所。

遗址的壕沟外侧发现有公共墓地，其中 27 号墓长 5 米、宽 3.5 米，墓主人为青年男性，规模比一般氏族成员的墓大数倍（图 2-4）。墓中随葬有制作精致的武器——玉石钺（图 2-5）和十余件陶器（图

【1】 中国社会科学院考古研究所河南一队等：《河南灵宝市西坡遗址发现一座仰韶文化中期特大房址》，《考古》2005 年第 3 期；中国社会科学院考古研究所河南一队等：《河南灵宝市西坡遗址庙底沟类型大型房址的发掘》，《考古》2015 年第 5 期；中国社会科学院考古研究所：《灵宝西坡墓地》，北京，文物出版社，2010 年。

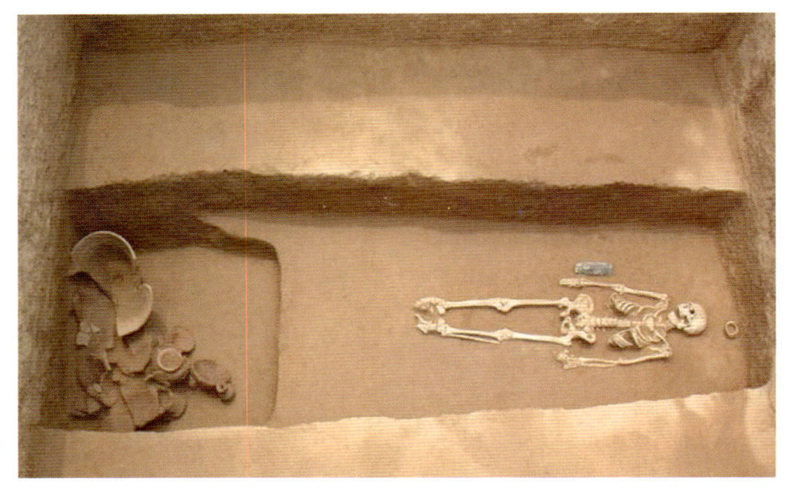

图 2-4 壕沟外侧的大型墓葬

2-6）。从墓葬的巨大规模和随葬武器玉石钺来看，墓主人可能是居住在这一聚落中拥有军事指挥权的首领。随葬的十余件陶器烧制温度较低，显然不是日常生活所使用的陶器，而是为了随葬而特地制作的“明器”，这是在全国范围内迄今所见年代较早的为了随葬而制作的“明器”。

铸鼎原西坡遗址的考古发现有一个耐人寻味的现象，遗址中部面积达 250 平方米的大型高等级建筑与聚落外发现的大型墓葬在规模上可以相匹配，但是大墓中的随葬品并不十分丰富，似乎还显示不出当时已经出现了悬殊的贫富差别。针对这一现象，学者们有不同的解释。一种观点认为，中原地区文明化进程的道路具有自己的独特性。首长掌握军事权力，具有崇高威望，死后被以大墓埋葬，但是并没有聚敛很多财富。这一点与其他地区同时

图 2-5 墓中的随葬武器——玉石钺

图 2-6 墓中的大型随葬陶器

期大墓中随藏品十分丰富的情况形成鲜明对照，说明中原地区的文明化进程可能有自己的特点；也有学者认为，这与当时中原地区并未流行厚葬的习俗有关。大墓中随葬的陶器都是专门为随葬而烧制的明器，说明当时并不流行把主要的财产都放在墓葬中随葬。究竟哪种解释更接近于当时的历史真实，还有待今后的发掘和研究。近年来，河南省的考古工作者开始对铸鼎原遗址群中规模最大的北阳平遗址进行了发掘。初步判定，该遗址面积达100万平方米，是铸鼎原遗址群中规模最大的遗址。通过进一步的发掘和综合研究，有望揭示出更多反映当时该地区社会分化状况的信息。[1]

【1】本节重要考古材料由中国社会科学院考古研究所李新伟研究员提供。

第二节
长江中游——湖南澧县城头山遗址

在长江中游地区，距今 6000 年出现了迄今国内年代最早的城址——湖南澧县城头山遗址（图 2-7）。遗址位于湖南省澧县车溪乡南岳村，总面积 15.2 万平方米。该遗址于 1978 年被发现。

城头山遗址内有分属大溪文化、屈家岭文化和石家河文化时期的各种遗存。该遗址的核心部分为一座面积约 9 万平方米，有 4 道城门，周围有宽数十米壕沟的圆形古城。城内发现有巨大的祭坛、建筑基址、墓葬、制陶作坊区、道路、完整的排水系统等

图 2-7 湖南澧县城头山遗址航拍图

重要遗迹。文化遗物除陶器、石器和骨器外，还发现数十种植物籽粒、竹和芦苇编织物，以及木浆、船艄等。

城头山遗址发掘的房址保存较好，规格较高、规模较大的有三座屈家岭文化时期的房址，集中分布在城址中心附近。它们均筑有黄土台基，建造时先在台基面上挖基槽，修整居住面，然后起建房屋，其平面形状为方形或长方形。

在城头山遗址的城南壕沟中，发现稻、瓜等多种籽及猪、羊等 20 多种家养和野生动物骨骸。距遗址 1 公里处，还发现了距今约 8000 年的人工栽培稻；距遗址 10 多公里处，则发现了距今约 8000 年的大量稻田实物标本，其中有大量的人工栽培痕迹，例如有水坑和水沟等原始灌溉系统，是现存灌溉设施完备的世界最早的水稻田。

此外，在城头山遗址还发掘了 10 座陶窑，其中 7 座位于城址中部，有红烧土块、灰坑和灰沟，据推测，为砖的前身。周围还有多座仅见柱洞、不见基槽的简易工棚类建筑。这些建筑与陶窑属于同一时期，它们共同构成了一个完整的制陶区域（图 2-8）。[1]

考古工作者在城头山遗址还发现有斟酒器陶鬶和贮酒器陶瓮。陶鬶、陶觚和陶温锅的发现说明，在 5000 年前的城头山及周边地区，饮酒已相当普遍和讲究，酒文化的发展已达到相当高的水平。

值得注意的是，在城头山遗址东门豁口角城内，发现了一个用黄色纯净土筑造的台状建筑基址。黄土台略呈椭圆形，面积约

【1】《重要考古发掘点》，城头山古文化遗址官网，2014 年 9 月 20 日。

图 2-8 城头山大溪文化二期出土的西阴纹彩陶钵和彩陶杯

图 2-9 城头山遗址的祭祀坑

250 平方米，系在平地堆筑夯打而成。黄土台中间高，向边沿倾斜，在较高部位有五个圆坑，坑中放置大块卵石。在土台最高点有一个径近 1 米、深 0.2 米，底部平整、圆边极规则的坑，在坑中，

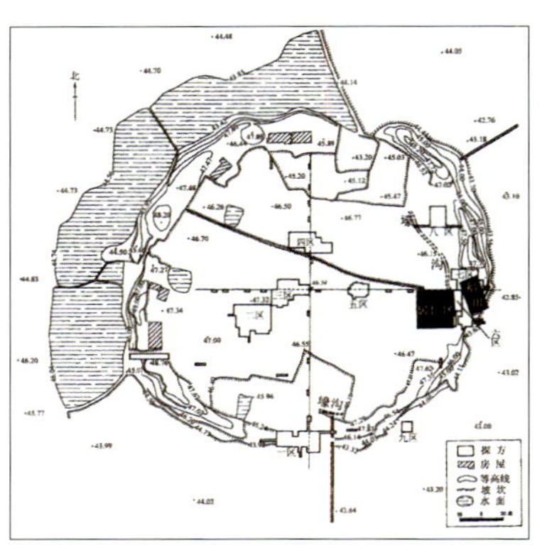

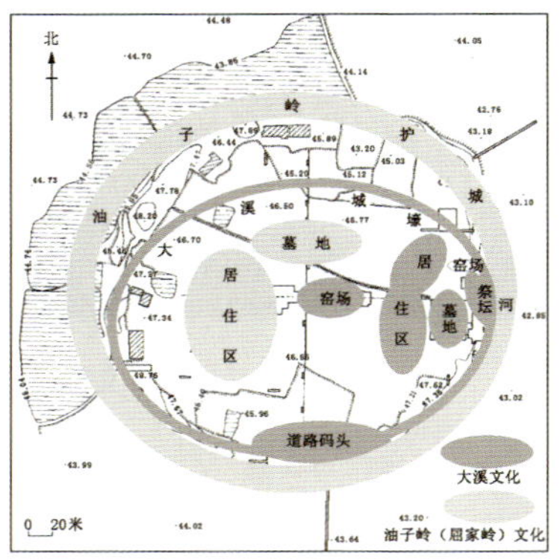

图 2-10 城头山遗址的城墙分布图

平放着一块椭园形的大卵石。黄土台东缘发现数量甚多的大溪文化早期墓葬，墓坑四角之外各有一座没有随葬品的屈肢葬墓。其中一座墓的骨架葬于一大圆坑中，坑内随葬有牛的下颚骨和鹿牙，但没有陶和石器，专家认为，所葬为巫师。

据考证，这是一座大溪文化早期从事祭祀和宗教活动的大型祭坛以及众多祭祀坑（图2-9），在同时期的各地发现中，它是最大、最完整，也是揭露得最清楚的一处祭祀场所。[1] 城头山遗址最早的城垣修建于距今6000年前，也是中国迄今所见最早的城墙（图2-10）。[2]

【1】《震惊世界的考古大发现——澧县城头山古城址发掘记》，城头山古文化遗址官网，2014年9月18日。

【2】本节重要考古材料由湖南大学郭伟民教授提供。

第三节

长江下游——江苏张家港东山村遗址

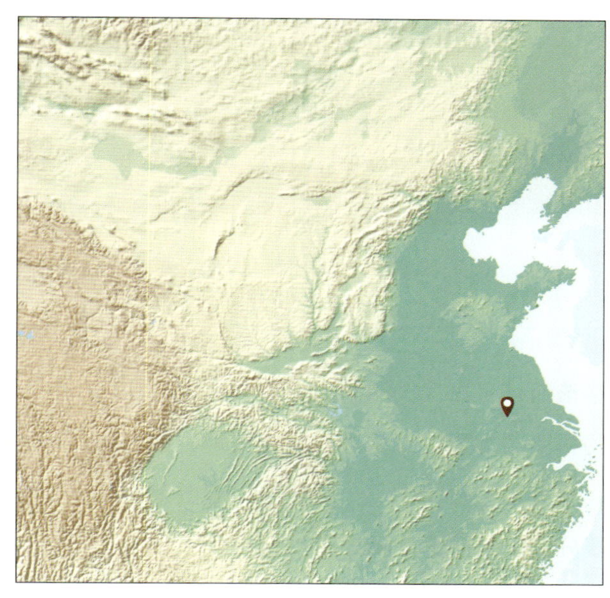

图 2-11 张家港东山村遗址区域图

根据目前的考古发现，长江下游地区最早出现明显社会分化的是江苏张家港东山村遗址（图 2-11）。[1] 探源工程的考

【1】南京博物院、张家港市文管办、张家港博物馆:《东山村——新石器时代遗址发掘报告》，北京，文物出版社，2016 年。

图 2-12 张家港东山村遗址的公共墓地

古工作在该遗址考古发掘期间，发现有距今 5800 年到 5500 年崧泽文化的村落、大型建筑基址和公共墓地。这一公共墓地有数百座墓葬，几座大型墓集中于一个区域，周围有数座中型墓，与其他小型墓分布区域显著分离。

在图 2-12 中，特别小的方框为小型墓。由图可见，大型墓、中型墓的体量比小型墓大很多，且随葬的物品也相差悬殊（图2-13）。大型墓内随葬多件制作精致的武器——玉石钺和玉玦、玉环、玉坠等装饰品，以及数十件陶器。例如 90 号墓，墓内共随葬 65 件（套）器物，包括 5 件大型石钺、2 件大型石锛、19 件玉器以及 33 件（套）陶器，等等。如图 2-14 所示，墓主的头部随葬有一件精致的石钺武器，两耳有耳环，胸部有装饰物，周围还随葬有多种器物，其中仅陶器就有数十件（图 2-15）。显然，

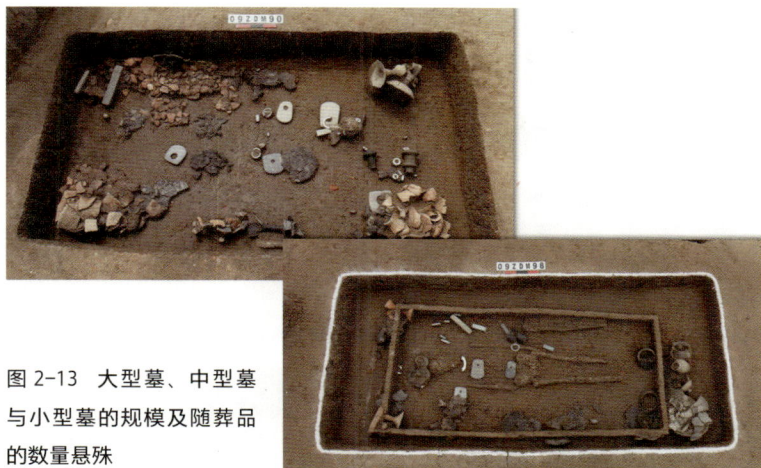

图 2-13　大型墓、中型墓与小型墓的规模及随葬品的数量悬殊

图 2-14　90 号墓的随葬品

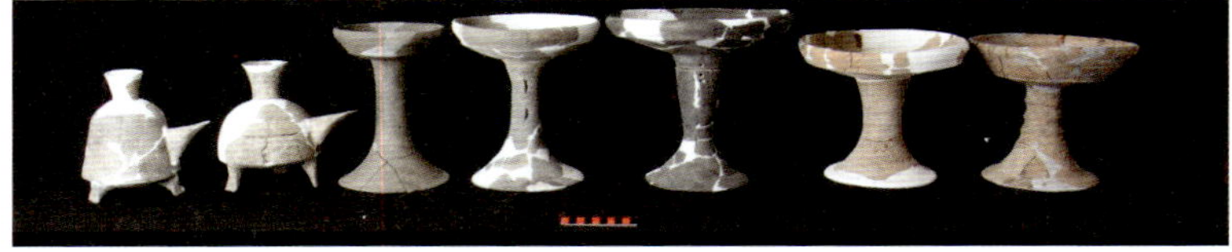

图 2-15 90 号墓随葬的陶器

图 2-16 90 号墓随葬的石钺

墓主具有相当高的社会地位，且聚敛了大量财富；随葬品中制作精致的石钺也显示了墓主的军事首领身份（图 2-16）。

90 号墓出土的玉器有璜、镯、玦、玉管、管形饰、钮形饰和三角形饰品（图 2-17）。其中，璜 1 件，镯 2 件，玦 6 件，管 4 件，管形饰 1 件，钮形饰 3 件，三角形饰 2 件。

从出土遗物来看，90 号墓是迄今为止崧泽文化墓葬规格最高的大墓，其出土的玉器同样是已发掘崧泽文化墓葬中出土玉器最多的。这些玉器的玉料以透闪石软玉为主，组合为璜、镯、玦、管，以及三角形、钮形饰等。90 号墓尽管出土玉器较多，但均为实用器。[1]

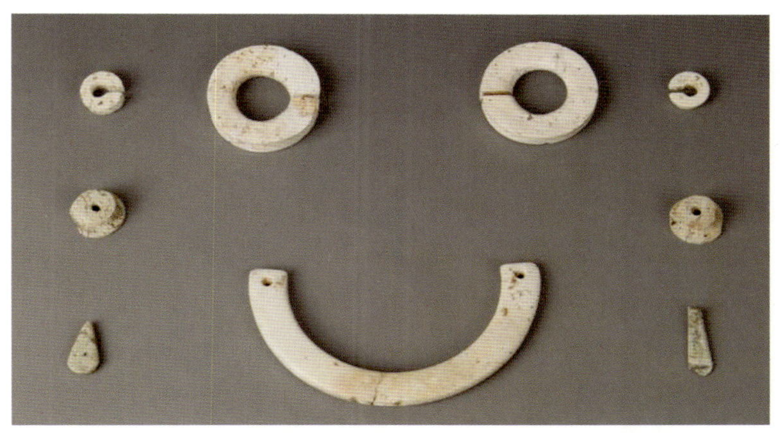

图 2-17 90 号墓出土的部分玉器

【1】南京博物院、张家港市文管办、张家港博物馆：《江苏张家港市东山村遗址崧泽文化墓葬 M90 发掘简报》，《考古》2015 年第 3 期，第 14—17、19 页。

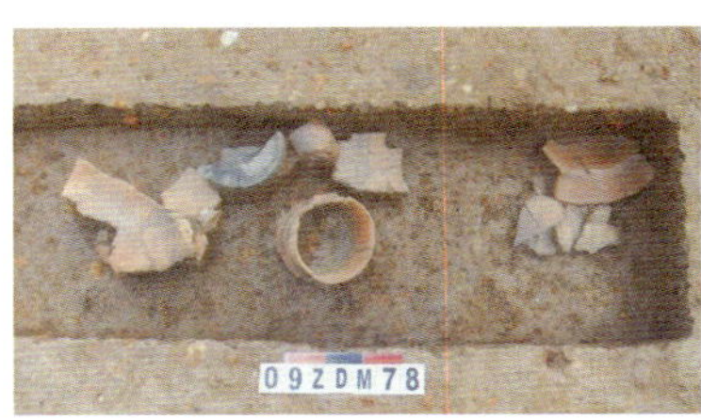

图 2-18 随葬品匮乏的小型墓葬

图 2-19 被烧毁的大型建筑残骸

相比之下，为数众多的小型墓不仅墓圹狭小，且随葬品也往往仅有两三件日用陶器（图2-18）。大型墓与小型墓的规模与随葬品数量形成了鲜明对照。公共墓地附近有一座被火烧毁的大型建筑残骸，据推测，可能为高等级社会成员的居住场所（图2-19）。这些发现反映出当时长江下游地区已出现明显的社会贫富贵贱分化，掌握军事指挥权的显贵阶层拥有较多的社会财富，其社会阶层贫富贵贱分化的严重程度是在同时期的黄河流域所未曾见的，在全国范围内也十分突出。从东山村遗址大墓的随葬品来看，有数量众多的陶器、几件制作精致的玉石钺和多件玉制装饰品，反映出墓主人掌握了军事权力和较多社会财富，但还看不到与当时的原始宗教信仰有关的器具。这是否说明当时的权贵阶层主要是依靠掌握军事指挥权来攫取较多的社会财富？这一点与其后长江下游地区的安徽凌家滩和江浙地区的良渚文化中除了墓主人掌握军事权力之外，还随葬多种与精神信仰和祭祀活动有关的器物形成鲜明对照，也许反映出长江下游地区文明化进程的特点，或者说王权形成的过程——首先是掌握军事指挥权，随着精神生活的丰富，对神的祭祀在社会生活中占据越来越重要的地位，首长便将祭神的权利也掌握在自己手中，形成集军事指挥权和祭祀权于一身的王权。[1]

【1】本节重要考古材料由江苏省考古研究所副所长周润肯提供。

第三章
古国四起 文明初成

◎ 距今5500年至5000年是中华文明史上一个非常重要的时期。在黄河中游地区，距今5300年左右，河南西部的铸鼎原遗址群衰落，代之而起的是河南郑州的西部出现了双槐树等数个大中型聚落云集的现象，似乎暗示这一时期中原地区的政治中心由河南西部移到了河南中部。近年发现的巩义双槐树遗址是此时期河南中部规模最大、等级最高的遗址，应是当时中原地区的政治中心。[1]

这一时期社会发展的另一项标志是礼器的出现和礼制的初步形成。玉器、漆器、精致陶酒器等都出自各地的顶级墓葬。入选“2021年度全国十大考古发现”的河南南阳黄山遗址，有数座距今5300年左右的屈家岭文化早期大墓，男性墓主大都随葬品丰富。有一座墓随葬一件象牙把手的长弓、两袋石镞、两柄玉钺，墓主脚下堆放400多件猪下颌骨。辽宁喀左牛河梁和安徽含山凌家滩大墓中随葬玉人、玉龙、玉鸮、玉龟，凌家滩大墓的随葬品多达300余件。同样是在入选“2021年度全国十大考古发现”的山东滕州岗上遗址，大汶口文化中期的大墓中有涂朱骨版、鹿角锄、鹿角叉形杖、鳄鱼骨板器、陶鼓、龟甲器等独具海岱地区特

【1】郑州市文物考古研究院：《河南巩义市双槐树新石器时代遗址》，《考古》2021年第7期。

征的礼器。其中的杖形器是良渚文化象牙权杖的简化版。该墓地的 4 人合葬大墓也很特殊，墓内密集摆放陶器，包括 300 件精致陶酒器。上述发现表明各地权贵阶层掌握了贵重物品的生产和分配，形成了以某些高技术含量的珍贵物品作为礼器、同时以墓葬规模体现墓主人地位的等级制度——礼制。

距今 5300 年前后，在黄河中下游、长江中下游及西辽河流域，都出现了面积达 100 多万平方米的中心城市和原始宗教圣地。在高等级早期城市出现的同时，阶级加速分化。面积数百乃至上千平方米的大型高等级建筑、随葬上百甚至数百件精致物品的权贵大墓，与一般社会成员的小型房子和小型墓葬相差悬殊，说明权贵阶层掌握了大量社会财富。

几乎所有地区的大墓都开始随葬精致的武器——玉石钺，这显然是象征军事权力的权杖。高等级的男性贵族普遍随葬玉石钺。这些随葬玉石钺的墓主人应是具有军事指挥权的王者，权贵阶层因军权而不断增强其权威，由氏族部落的首领变为具有生杀予夺大权的王者。这一时期战争和暴力现象增多，各地出现被扔弃在垃圾坑中、埋在大型建筑的基础里作为奠基，或在大墓中作为殉人的人骨架，表明一部分人已开始奴役另一部分人。

根据目前的考古发现和研究成果，对比黄河流域和长江流域距今 8000 年至 5000 年重要遗址的情况，我们可以较为明确地观察到如下一些文明起源的现象：黄河中游地区经历了 8000 年前农业的初步发展，人口繁衍，出现了定居聚落，精神文化方面取得显著进步；6000 年前，社会出现明显分化，出现上百万平方米的大型聚落和面积达数百平方米、制作考究的大型建筑以及比一般社会成员的墓葬大数倍的大型墓葬，但是随葬品的多寡并无明显差别，也看不到明显的原始宗教色彩，与长江中下游和辽河流域同时期大型墓葬中随葬大量精致的随葬品和浓厚的原始宗教色彩迥然不同，暗示出黄河中游地区的文明进程和模式可能具有自己的特点。同时，以青台遗址出土的丝织品残片、双槐树遗址出土的用兽牙制成的家蚕形饰为代表，说明当时中原地区已经能够养蚕和缫丝了。

第一节
黄河中游——河南巩义双槐树遗址、甘肃大地湾遗址和庆阳南佐遗址

一、河南巩义双槐树遗址

河南巩义双槐树遗址的年代为距今 5300 年左右，是黄河中游地区同时期最高等级的遗址。双槐树遗址是一处由三重环壕围绕的大型聚落，整个遗址面积为 117 万平方米，附近还分布有很多小型遗址。

双槐树遗址三重环壕的最内侧环壕等级最高，是一个由围墙

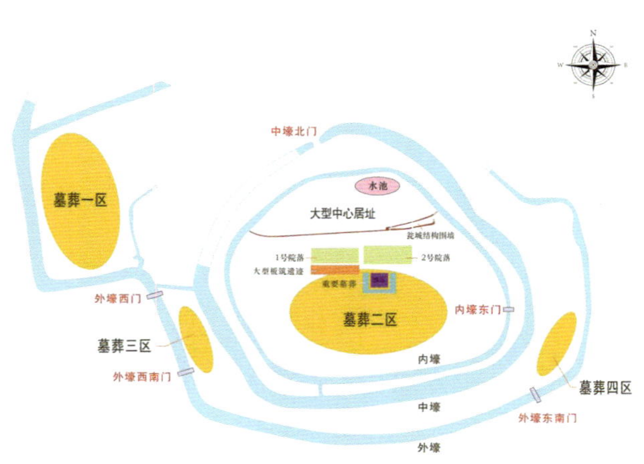

图 3-1 河南巩义双槐树遗址的大型建筑区域

环绕而形成的1.8万平方米的空间。这个区域内的北部为大型中心居址，其中有很多大型建筑，如200平方米的房子。这些大型建筑成组排列，共有三排，中间一排面阔五间，两侧的房屋基本对称分布，面阔三间，总面积2400多平方米，且布局已经呈现出中轴线理念的端倪（图3-1）。

在这组建筑群以南，如图3-1中的两个绿色方块所示，为两个规模更大的单体巨型建筑基址的地基部分，面积分别为1600和1300平方米，地面以上部分没有保留。这两座单体建筑如此巨大的规模，是前所未见的。

双槐树遗址三重环壕的内壕(图3-2)，上口宽6—15米，深4.5—6.15米，发现有疑似桥的内壕出口遗迹；中壕（图3-3）宽23米，深9.5米，北部发现有宽达10米的道路出口；外壕（图3-4）残存周长约1600米，宽17.2米，深9.8米。在东南、西南部分别发现道路一条，应为外壕的出口。三条环壕之间有沟渠相连，且每条环壕都有出入口。显然，这些环壕具有强烈的防卫功能。

双槐树遗址的布局以及高等级建筑的规模，与上一章所述铸鼎原遗址群的西坡遗址中四座大型建筑基址围绕在广场周围的布局迥然有别，显示出全新的布局理念——高等级建筑群位于正中，几座建筑同一方向，以中轴线贯穿，前后递进。位于最前面的两座1000多平方米的大型建筑基址以中轴线为中心，东西并排排列。在两座大型建筑基址后方，发现有数排大房子分布（图3-5），图中房子的不同颜色代表其属于不同的时期。棕色的房子为早期建筑，前后共有三排。较为明显的是，这三排房子位于同一条中轴线上。我们据此推测，这一时期的建筑已经出现了最早的中轴

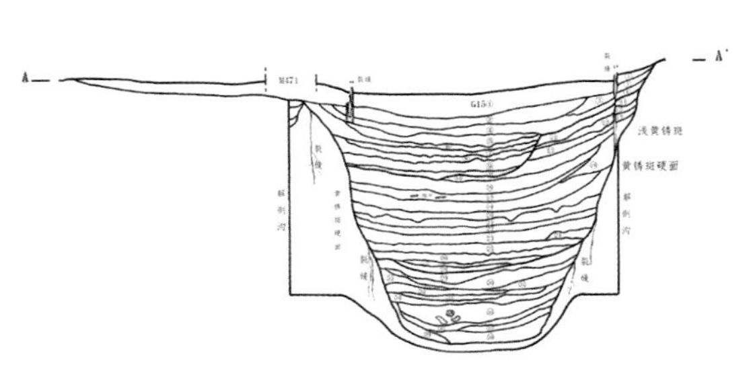

图 3-2 双槐树遗址的内壕

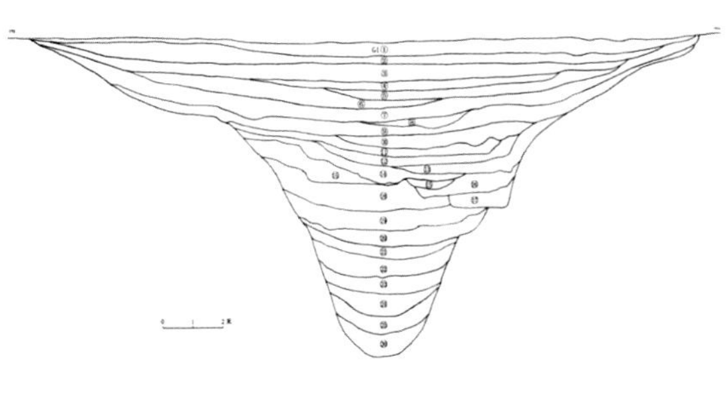

图 3-3 双槐树遗址的中壕

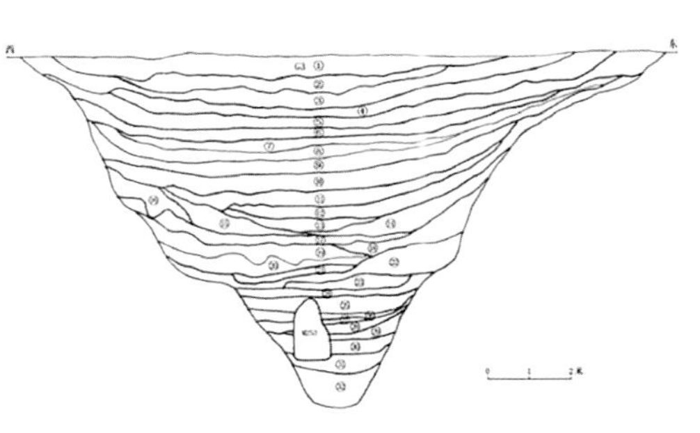

图 3-4 双槐树遗址的外壕

线理念。毫无疑问，这些房子皆为高等级建筑，单体面积在 200 平方米左右，且前后院落相通。从图中可以看出，第一排房子有左右两侧通道；在图 3-5 中被标为绿色的第三排房子则是后期修建的。这样一种呈中轴线对称、前后数排建筑平行排列的布局，

图 3-5 双槐树遗址的中心建筑基址区

开启了中国古代都城宫室制度的先声，意义深远！此后的延安芦山峁大营盘梁院落遗址的中轴线建筑雏形（图 3-6）和夏王朝都城的宫殿建筑（图 3-7）便是继承了这种中轴线对称的建筑格局。双槐树遗址的中轴线理念对我国后世建筑风格的影响，印证了早期黄河中游地区文化在中华文明发展史上的重要根脉地位。

在围沟聚落内发现了四处公共墓地，墓葬有大有小，但头向一致，成排分布。房址的集中分布和几处公共墓地的存在表明，当时的社会仍然以血缘关系为纽带。四处公共墓地中，有两处墓地的中部各有一个方形夯土台，据推测，应是用于祭祀的祭坛。

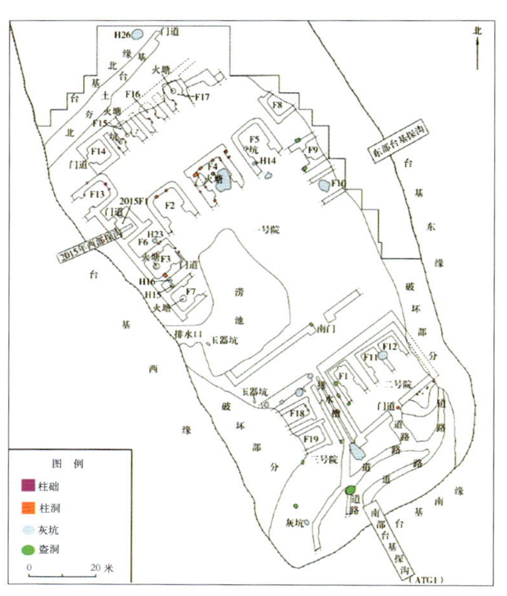

图 3-6 延安芦山峁大营盘梁院落

距今 4300 年前具有中轴线理念的宫室建筑雏形

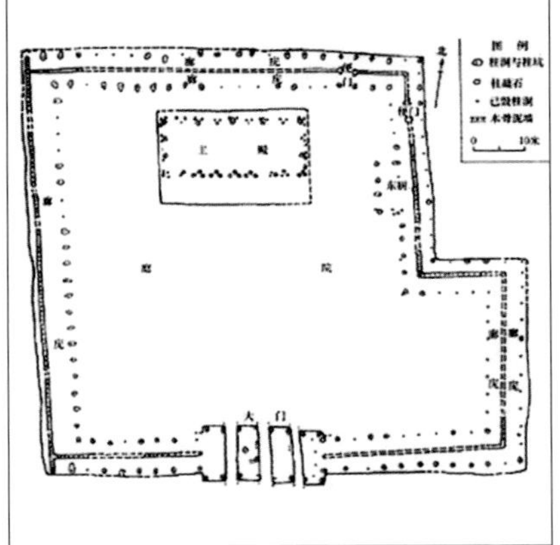

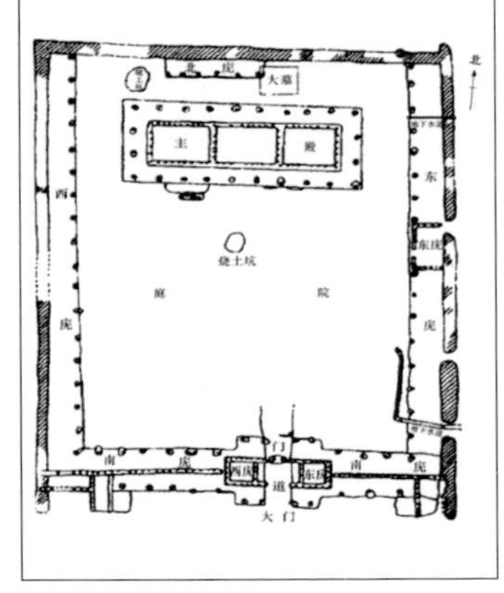

图 3-7 夏王朝都城的宫殿建筑
河南偃师二里头一号宫殿（左）和二号宫殿（右）

在距离高等级建筑最近的一个墓地的祭坛附近，发现有数座规模明显大于一般小型墓的墓葬（图 3-8、图 3-9）。

值得注意的是，这几座规模较大的墓葬中随葬品并不丰富，只发现有少量装饰品（图 3-10）。这与比其早数百年的河南西部灵宝铸鼎原遗址群的西坡遗址大墓中随葬品并不丰富的情况如出一辙，仍然延续着此前中原地区社会上层比较务实的情况，或以军事权威和组织能力来树立、维护其统治。同时，该地区的社会上层也与铸鼎原地区的情况类似，以居住址和墓葬的规模来彰显其权贵者的尊贵地位，而不注重财富的聚敛；或者不流行厚葬的习俗——即使生前聚敛有大量财富，也不将其作为随葬品放入墓中。还有一种可能是，该地区目前已发现的或许只是次一级墓葬，最大的墓葬尚未发现，不能据此判断最高首领的墓葬情况。

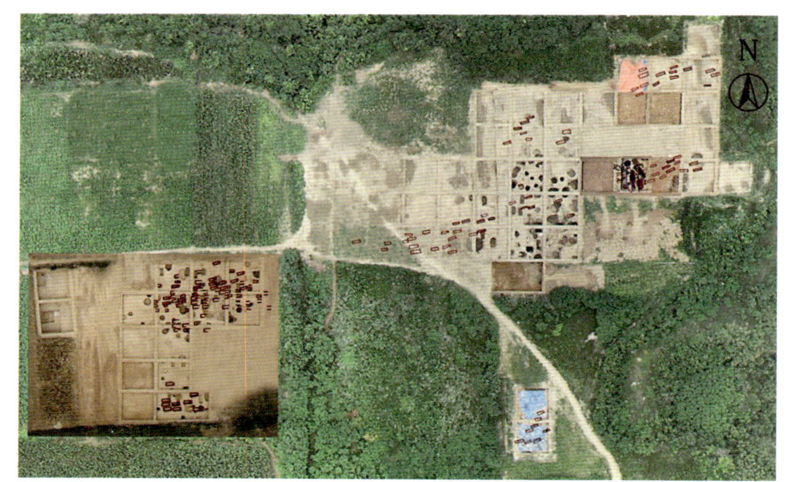

图 3-8 双槐树遗址墓葬区

图 3-9 双槐树遗址墓葬区的二期墓葬

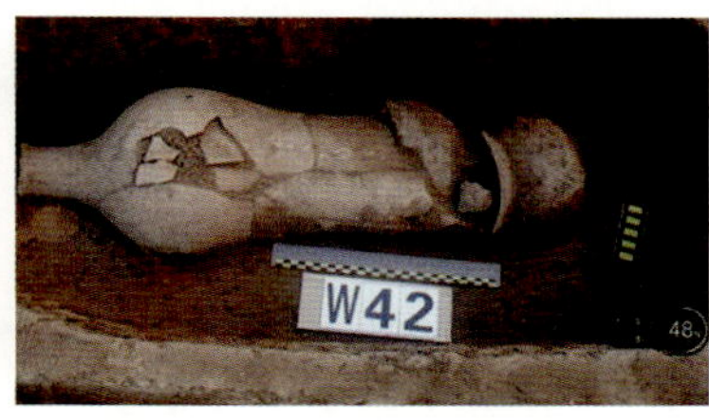

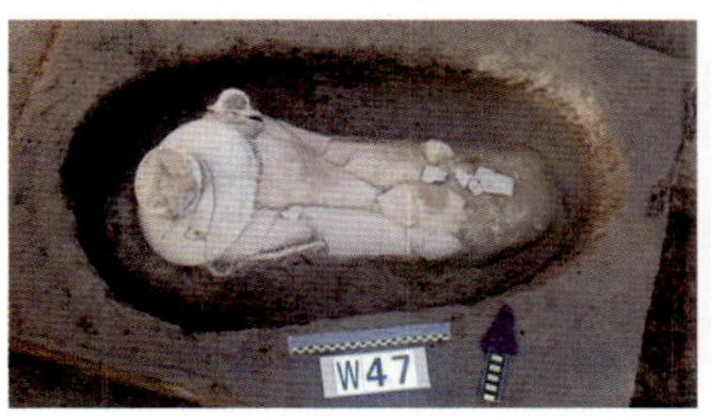

图 3-10 双槐树遗址大型墓葬中的随葬品

图 3-11 反映了双槐树遗址二期墓葬的部分情况。各墓葬的大小总体上差异不大。左侧为数个大型墓葬，如上文所述，其内的随葬品较少。红色区域是一个方形夯土祭坛——这是距今 5300

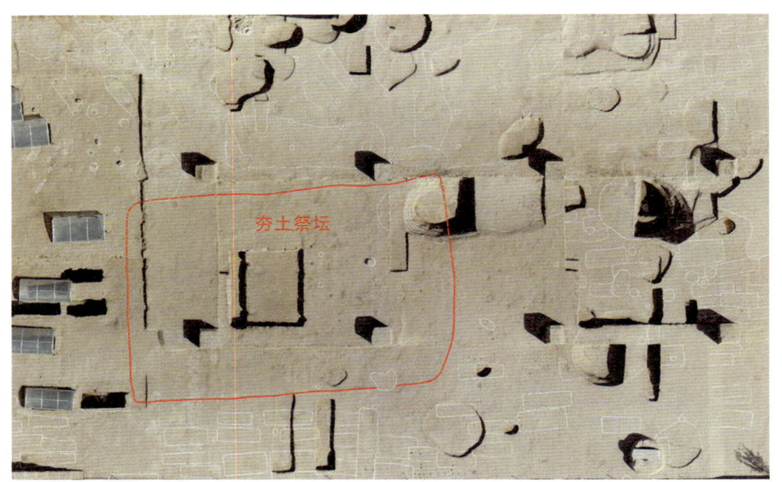

图 3-11 双槐树遗址二期墓葬区的大型墓葬夯土台基和祭坛

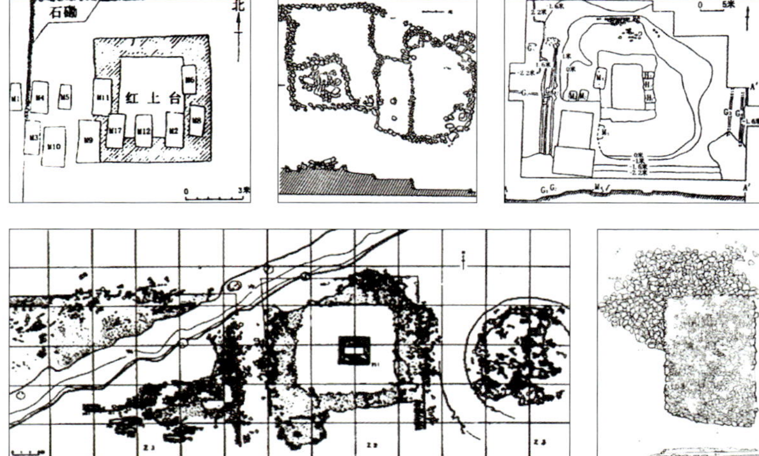

图 3-12 上排从左向右依次为长江下游良渚文化的瑶山祭坛、福泉山祭坛和汇观山祭坛；下排左右二图分别为辽河流域红山文化牛河梁第二、第五地点祭坛

年的祭坛。值得注意的是，在同时期的长江下游与辽河流域，基本上都出现了这种方形祭坛（图 3-12），表明当时的原始宗教信仰是比较兴盛的，已经出现了专门用于祭祀的场所。

在双槐树遗址，还发现将多个陶罐按照北斗星的形状埋放在一个特殊区域的遗迹现象，同时出土了带有星辰图案的彩陶（图 3-13）。由此可见，距今 5300 年前，中原地区的人们已经关注并了解北斗星及其代表的方位和节气。此外，双槐树遗址还出土有丝织品残片和用兽牙制成的家蚕形饰（图 3-14），表明当时中原地区已经能够养蚕和缫丝了。无独有偶，同为黄河中游的山西南部夏县遗址，近年来发现了距今 6000 年的石刻蚕蛹（图 3-15），这就把我国中原地区养蚕缫丝的历史提前到距今 6000 年前，此亦为目前世界上能够确认的养蚕缫丝的最早证据！

双槐树大型围沟聚落，特别是大型夯土建筑基址群的发现表

图 3-13 双槐树遗址出土的有星辰纹样的彩陶钵

图 3-14 双槐树遗址出土兽牙制蚕形饰

图 3-15 山西夏县出土距今 6000 年前的石蚕蛹
（此图由吉林大学考古学院段天璟副院长提供）

明，距今 5300 年前，中原地区的社会分化较之于距今 5800 年到 5500 年期间在河南西部的铸鼎原遗址群所看到的状况更为严重。双槐树遗址大型建筑群不仅在规模上是全国同时期遗址中最大的，而且其所具有的中轴线左右对称理念以及前后几座建筑纵向排列的格局，都是迄今为止在全国所见年代最早、最具有开创性的。这些发现意义深远！[1]

【1】 双槐树遗址的重要考古材料由郑州文物局顾万发局长提供。

二、甘肃秦安大地湾遗址和庆阳南佐遗址

20 世纪 80 年代发现的甘肃南部秦安大地湾遗址与河南巩义双槐树遗址大致为同一时期的文明遗址，属仰韶文化晚期。在大地湾遗址中，也发现有高等级殿堂建筑，如大地湾 F901 号房址，是一座大型原始宫殿式房屋建筑遗存（图 3-16）。该房址前方有回廊，两边为厢房，具有“坐北朝南、前堂后室、东西对称”的结构，与双槐树遗址的高等级建筑格局类似。因此，这种建筑布局应为当时黄河中游地区一种共同的建筑形式。

这一宫殿式建筑房址位于大地湾遗址南区的黄土台地上的前沿，处于遗址区域的较高位置，大体可以俯视整个大地湾聚落址。房址保存有较完整的多间复合式建筑，结构复杂，布局严谨，规模较大，技术先进，不仅是大地湾遗址发现的房址之最，也是中国新石器时代迄今为止发现的规模最大、最重要的特殊建筑。

房址基本为坐北朝南布局，以长方形主室为中心，两侧扩展

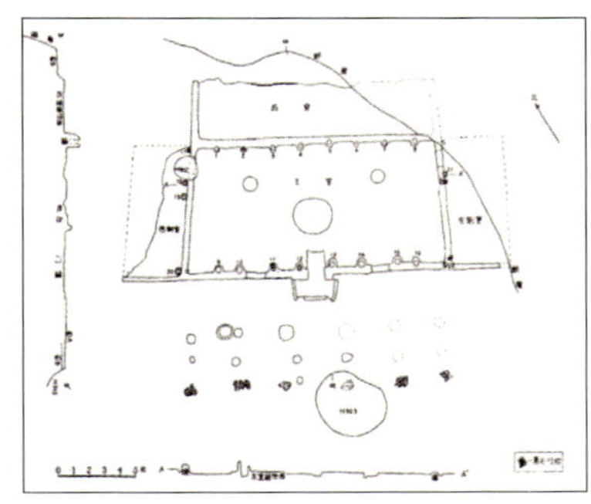

图 3-16 甘肃秦安大地湾遗址的高等级建筑 F901 房址

为与主室相通的东西侧室，左右对称；主室后面有单独的后室，前面有附属建筑，前后呼应。其中，主室的面积为 131 平方米。居住面坚硬平整，呈青黑色，色泽光亮，外观极似现代水泥地坪，系由沙粒、小石子和人造轻骨料与胶结材料混合而成的地面。经过反复细致打磨加工，地面的物理化学性能接近于现代混凝土地面，被认为是中国建筑史上的奇迹。

在大地湾遗址中，以 F901 建筑为中心而形成的公共活动区，与周围分布密集的居住区，形成了众星捧月的格局，为中国礼仪性礼制建筑的发展开创了先河，成为显示文明起源和发展的重要标志。

同为 20 世纪 80 年代发现的甘肃省庆阳市南佐遗址，也出土了具有特殊建筑工艺的大型房址，如属于仰韶文化晚期的 F1 大房址。该房址的墙体为版筑，长约 35 米，宽约 18 米，室内面积达 600 余平方米。墙体版筑后，外壁经火烧烤。室内地面有白灰面，并向外延伸。室外有经过烧烤的专门加工的散水，室内外的地面都是夯筑，并且室内夯筑地面呈长方形条状排列，与墙体平行，构成规矩、整齐、美观的地板外形。室内夯土有筛选，较为匀致。室外夯土未筛选，稍显杂乱，且遗物较多。附近另一座房址 F3 的墙体也为夯筑，有白灰面，地面明显有坡度，室内有类似灶台的白灰面圆台面，中间有烧痕。此房址为公共活动的重要场所，可与大地湾同时期的建筑相比，显示出甘肃东部黄土高原仰韶文化晚期社会的高度发展水平和文明化特征。[1]

【1】 王巍主编：《中国考古学大辞典》，上海，上海辞书出版社，2014 年，第 164—165 页。

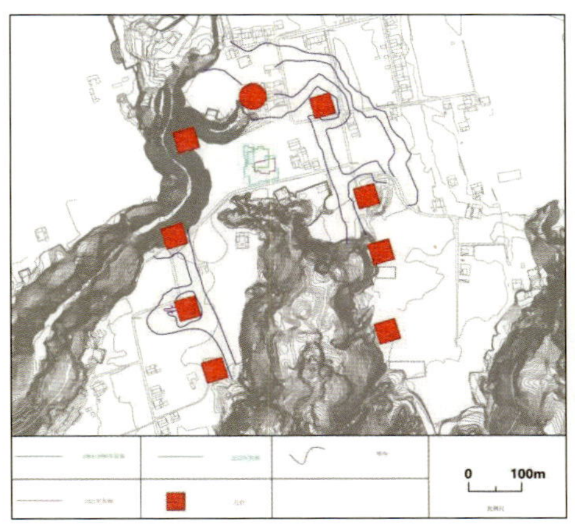

图 3-17 庆阳南佐遗址的核心区、宫殿区及宫殿发掘区
（此图由中国人民大学韩建业教授提供）

近年来，南佐遗址的考古工作主要还有以下几项重大发现：发现了面积达 600 多万平方米的超大型遗址（图 3-17）；发现由 9 座呈 U 字形分布的夯土台及其环壕围绕而成的约 30 万平方米的遗址核心区；发现了布局严整、具有中轴对称布局的“宫城”；发现了迄今规模最大、保存最好的史前时期大型宫殿遗址；在宫城祭祀区出土了大量制作水平很高的高等级器物（精致陶器、绿松石饰品等）；遗址核心区发现大量炭化水稻。上述考古发现表明，南佐遗址是黄土高原距今 5000 年左右的大型都邑性遗址，说明当时甘肃东部地区已经进入了早期文明社会。

第二节
黄河下游——山东大汶口文化遗址、焦家遗址、滕州岗上遗址

史前时期的黄河下游海岱地区一直是一个相对独立的文化区域，其文化面貌具有鲜明的自身特色，同时也与周围地区的史前文化保持着交流和互动。该地区的社会发展与黄河中游地区及长江下游地区大体同步，距今 8000 年前已经栽培粟、黍，出现定居村落；距今 5500 年前后，开始出现社会的分化；距今 5000 年以后，该地区的社会分化日益严重。20 世纪 60 年代前半叶，在泰安大汶口遗址距今约 5000 年前后的公共墓地中，发现了一座墓葬规模明显大于一般社会成员、墓内随葬品十分丰富的大墓[1]。墓中有涂朱骨板、鹿角锄、鹿角叉形杖、鳄鱼骨板器、陶鼓、龟甲器等独具海岱地区特征的礼器。其中的杖形器是良渚文化象牙权杖的简化版。该墓地的 4 人合葬大墓也很特殊，墓内密集摆放陶器，包括 300 件精致陶酒器。

近年来，在济南市章丘区焦家遗址和滕州岗上遗址（图 3-18），也相继发现了距今约 5000 年的公共墓地[2]。其中，焦家遗址位

【1】山东省文物管理处、济南市博物馆:《大汶口——新石器时代墓葬发掘报告》，北京，文物出版社，1974 年；山东省文物考古研究所：《大汶口续集——大汶口遗址第二、三次发掘报告》，北京，科学出版社，1997 年。

【2】山东大学考古学与博物馆学系、济南市章丘区城子崖遗址博物馆：《济南市章丘区焦家遗址 2016—2017 年大型墓葬发掘简报》，《考古》2019 年第 12 期；《滕州岗上遗址发掘》，《中国文物报》，2021 年 3 月 25 日。

图 3-18 山东滕州岗上遗址

于山东省济南市章丘区焦家村西约 800 米，面积达 24 万平方米。遗址南北长约 600 米，东西宽约 400 米，中部隆起，四周低平，为大汶口文化遗存，并有龙山文化、岳石文化和商代、汉代的遗存。[1]在焦家遗址的一个区域，发现了多座高等级墓葬（图 3-19）。这几座墓葬不仅墓圹规模大于一般墓葬，而且使用了木质棺椁，有的使用两重椁和一重棺。这几座大型墓的墓主人都是青年男性，骨骼粗壮，有的身高竟达 190 厘米。每个大墓中随葬有数十件制作精美的陶器，还随葬有精致的玉石钺，表明墓主人掌握军事指挥权。他们很可能是英勇善战的军事首领。

在最近发现的滕州岗上墓地遗址中，一座大型墓甚至随葬了

【1】王志民：《山东省历史文化遗址调查与保护研究报告》，济南，齐鲁书社，2008 年，第 170 页。

图 3-19 焦家遗址的大墓

图 3-20 岗上墓地遗址出土的陶制器具

300 多件精致陶器（图 3-20），也随葬有玉石钺[1]。在焦家遗址和岗上遗址的大墓中，随葬品比小型墓多出数十倍，表明社会出现了严重的贫富贵贱分化，社会财富被权贵阶层所掌控。这两处遗址都发现了同时期的大型中心性城址。

值得一提的是，海岱地区最先发明了用木质棺椁做的葬具，以及陶鬶、陶盉、陶觚等带有三个空袋足的陶制酒器。这些器物及其制作方法被中原地区集团所吸收，成为尧舜禹时期的棺椁葬制和陶制酒器的组成部分。后来，由陶制酒器发展而成的铜盉、铜觚等青铜容器，成为夏商周时期表明贵族等级身份的重要礼器。[2]

【1】山东省文物考古研究院：《山东滕州岗上遗址发现大汶口文化聚落》，《中国文物报》2022 年 3 月 25 日，第 8 版。

【2】本节重要考古材料由山东省考古研究院孙波院长，山东大学历史文化学院王芬副院长提供。

第三节
辽河流域——辽宁喀左牛河梁遗址群

辽宁省喀左牛河梁遗址位于辽宁西部喀左的丘陵地带（图3-21）。距今5500—5200年的辽河流域，即大致从辽宁西部到内蒙古东南部的区域，属于红山文化。与其他文明的社会化进程基本同步，这一时期辽河流域的社会分化十分严重，出现了王权和权贵阶层，近年来的考古发现也出土了不少反映该地区社

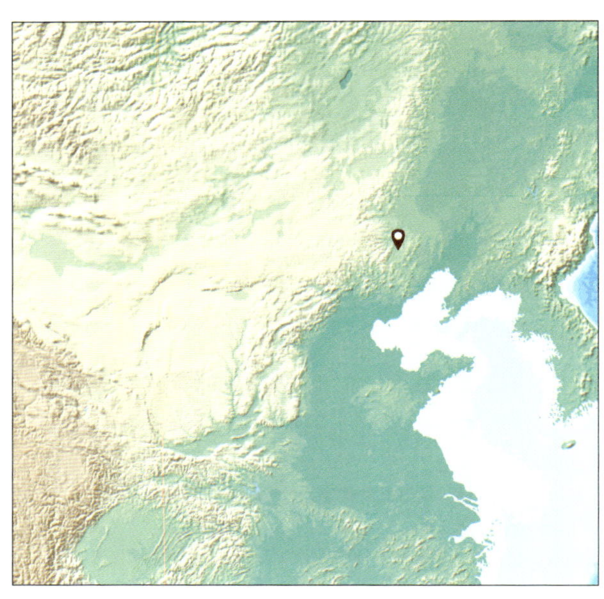

图3-21 辽宁省喀左牛河梁遗址区域图

会分化的明显例证（图 3-22）。

在红山文化的分布区内，农业有着显著的发展，早在 8000 年前便有粟和黍的栽培。近年来，考古工作者发现了石耜等红山文化的农业生产工具（图 3-23）。

在牛河梁的丘陵山地上，发现了距今 5500 年的红山文化晚期大型祭祀遗迹群。用石块修筑成的圆形祭坛和方形积石墓分布在四十个大大小小的山头上。这一区域没有发现任何与生活有关的遗迹，只有祭坛和墓葬，很像一个宗教圣地（图 3-24）。能够葬在牛河梁宗教圣地的人应是当时地位特殊的社会权贵阶层。他们的墓葬中只随葬精美玉器，不见陶器等日常生活用具。这些玉

图 3-22 牛河梁遗址的权贵人物大墓

图 3-23 红山文化的石耜

图 3-24 5300 年前牛河梁遗址的原始宗教圣地

器真正用于装饰的较少，基本上也不见武器，多是玉人、玉鸟、玉龟、玉璧等具有宗教色彩的玉器，这或许暗示当时的权贵阶层已掌握了祭祀权力——即“与神沟通”的权力。崇尚神灵、权贵掌握神权，可能是该地区的权力出现和文明演进的突出特点。

在一处较高的山头上，有一组用石块砌筑的面积达上万平方米的巨大平台，应是举行祭祀等大型仪式的场所（图 3-25）。在

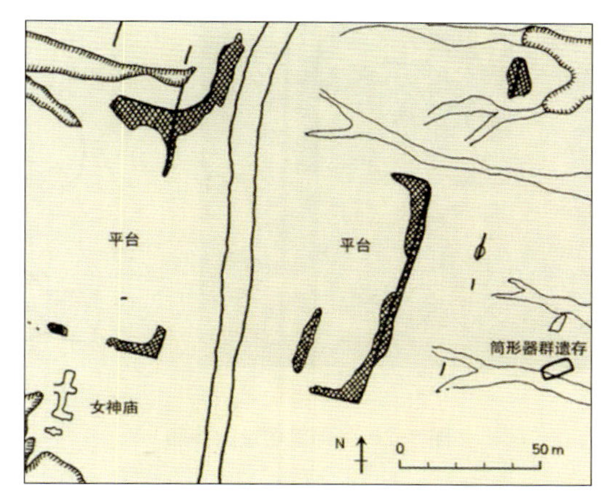

图 3-25 位于山顶的大型石砌平台

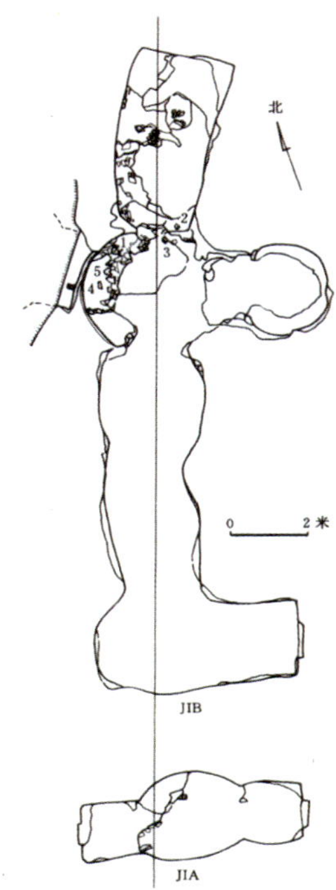

图 3-26 牛河梁遗址的神庙

该大平台同一山头的南坡，有一个既非方形也非圆形的特殊形状的建筑，墙壁涂抹白灰，并绘有花红色的彩绘。这里被认为是辽西地区的一处中心性神庙（图 3-26）。由于牛河梁遗址群一直没有发现居住遗迹，所以，这里可能是当时的一个专门埋葬贵族和祭祀神灵的原始宗教圣地。

经过发掘，神庙里出土了数量众多、大小不等的泥塑人像。能够看出，这些人像具备明显的女性特点，都是女人像（图 3-27）。

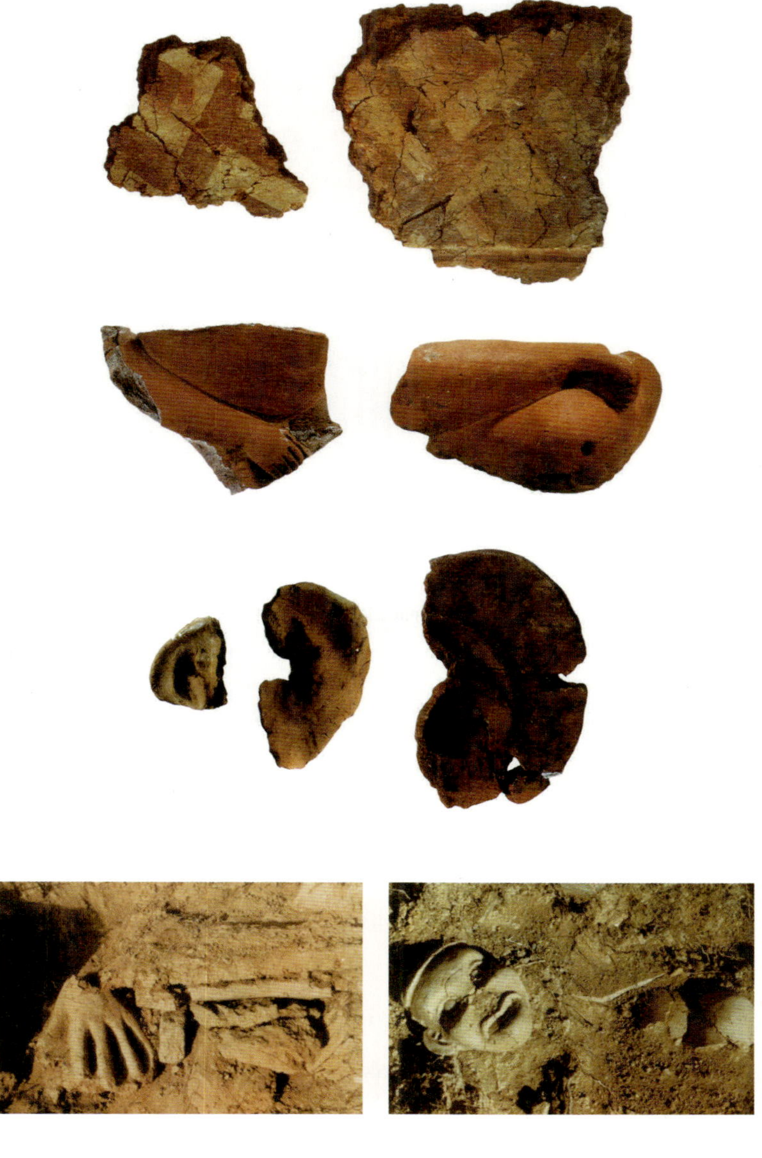

图 3-27 绘在神庙白色墙壁上的红色几何纹饰和神庙出土的女人塑像残块

图 3-28 神庙出土的女神头像

以耳朵为例，其造型基本一致，与真人类似，其大小却存在差别，说明神庙中有很多大小不等的女人像。其中有一件跟真人人头大小极为接近的女神头像（图 3-28），眼睛用玉装饰。近年来，在朝阳半拉山遗址发现了一个红山文化的积石墓地和祭坛，也出土了数件石人头像，最高者高达 40 厘米，再一次印证了红山文化晚期所具有的浓厚宗教色彩。

神庙遗址还出土了龙、熊、猛禽等泥塑动物形象的残块。图 3-29 所示为一个类似龙的下颚的残块，其獠牙较为明显；此外还有类似熊爪、鹰爪之类的出土残块。

在神庙附近的山头上，有数个方形和圆形的祭坛（图 3-30）。

图 3-29 龙下颚（左）、熊爪（右上）、鹰爪（右下）形状的出土残块

图 3-30 方形祭坛和圆形祭坛

图 3-31 埋葬权贵的大型积石墓

在圆形祭坛附近，没有发现墓葬；而在方形祭坛区域，发现有数座大型积石墓（图 3-31），边长 20 米左右。墓葬周围用石块堆砌，其中埋葬的是处于社会顶层的权贵人物。这些大型积石墓的随葬品无一例外，全是玉器，有玉龙、玉龟、玉鸟等动物形玉器，以及玉璧、玉镯等装饰品，个别墓葬还随葬玉人。这些随葬玉器的制作十分精致、美观，表明当时的手工业技术已相当高超。

如图 3-32 所示，大型积石墓中的随葬玉器多种多样，例如玉龟的造型就有“缩头龟”和“露头龟”两种形状。这些玉龟的设计意图好像是供人握在手里，这或许与后来春秋、战国乃至秦汉时期的习俗有较深的渊源。此外，还发现有装饰用的玉环、玉璧、玉圭等。

图 3-32 大墓中的随葬玉器

图 3-33 大墓中随葬的玉人、玉鸟等玉器

在这些大型积石墓中，其中一座出土的随葬品较为特别（图3-33），除了装饰性的玉环之外，还有枕在墓主头下的玉鸟。墓主的腹部随葬有玉人，且玉人的姿势也十分奇特。玉人的脸是圆鼓状的，具有较为明显的后来蒙古人种的特点。这座大墓附近的一些小型墓也都随葬有玉器（图3-34）。显然，小型墓墓主与大墓墓主的关系很亲密。

图 3-34 大墓附近随葬玉器的小型墓

图 3-35 红山文化的玉龙

图 3-36 红山文化的玉人和石人

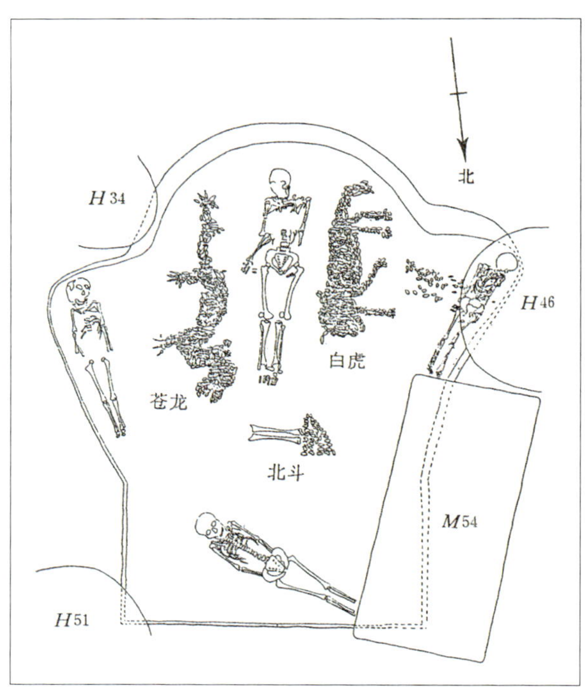

图 3-37 河南濮阳西水坡 45 号墓发现的龙虎贝壳堆

值得注意的是，牛河梁遗址的墓葬中出现了玉龙（图 3-35），这是目前能够确认的最早的出土玉龙！辽河流域红山文化的玉龙形态比较古朴，在此之后，玉龙的制作工艺则逐渐提升，接近夏王朝时，制作的玉龙已十分精致。图 3-36 是红山文化遗址出土的玉人，高度大约为 60 厘米，此外还出土有石人和陶人。

关于龙的观念，我们最早可以追溯到濮阳西水坡遗址的龙虎贝壳堆（图 3-37），有 6000 多年的历史；而距今 5500 年左右的辽河流域红山文化也出现了玉龙。[1]

【1】本节重要考古材料由辽宁省考古研究院和辽宁省博物馆提供。

第四节 长江中游——湖南澧县鸡叫城遗址、湖北城河遗址、河南南阳黄山遗址

一、湖南澧县鸡叫城遗址

2021年，考古工作者在湖南省澧县涔南乡复兴村发现了鸡叫城遗址[1]（图3-38）。该城址的城垣大致呈方形，面积约15万平方米。城墙西、北两墙保存较好，宽40—60米，东墙南段和南墙已破坏殆尽。城外有宽40—70米的护城河环绕。护城河以外有外围壕沟以及由人工开挖的引水渠。考古人员局部清理了建城前的一组大型木构遗迹。据初步判断，外壕、水渠、城墙、护城河的建造时间大致在屈家岭—石家河文化时期。[2]

鸡叫城遗址在距今6000年前时为一座小型聚落，至距今5000年时形成一座城。城内发现多座屈家岭文化中晚期（距今5700年左右）的大型建筑基址。其中，保存最好、规模最大、结构最完整的，是大型建筑基址F63，由主体建筑和外围廊道组成。主体建筑面阔5间，共7室，第二、三开间前后两进，东、西、

【1】湖南省文物考古研究所：《澧县鸡叫城古城址试掘简报》，《文物》2002年第5期；郭伟民：《新石器时代澧阳平原与汉东地区的文化和社会》，北京，文物出版社，2010年；湖南省文物考古研究所、四川大学：《湖南澧县鸡叫城遗址》，《文博中国》2022年2月16日。

【2】王巍主编：《中国考古学大辞典》，上海，上海辞书出版社，2014年，第219页。

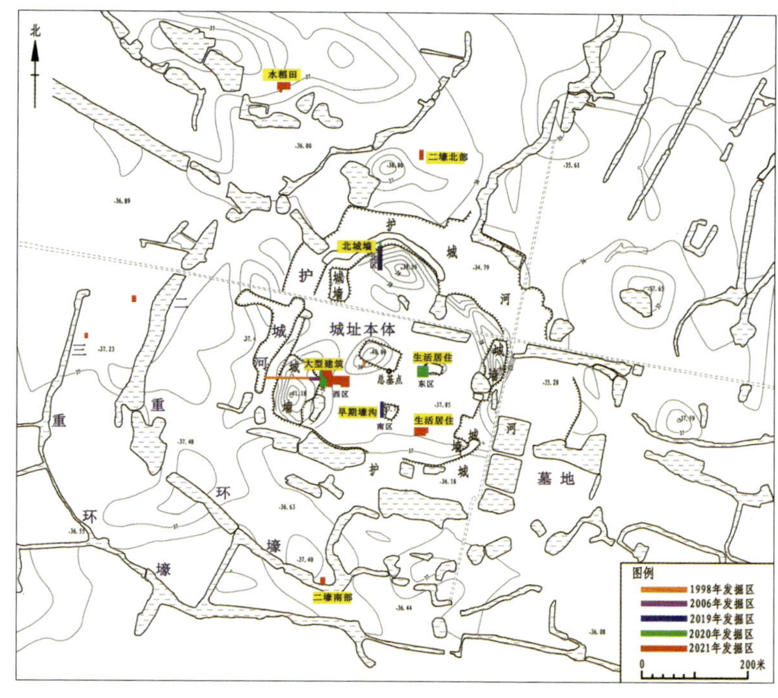

图 3-38 湖南澧县鸡叫城遗址重要遗迹图

南三面廊道，底部有大型木结构的垫板做基础。

F63 基址本体面积 420 平方米，加上回廊，总面积达 630 平方米。因埋藏环境潮湿，建筑的木质基础保存完好，壮观的规模、凿痕斑驳的粗大木材，令身临现场者如见巍巍殿宇，无不为之震撼（图 3-39 至图 3-40）！

距今 4500 年前左右，鸡叫城遗址形成了一个三重环壕形制的、面积达 100 万平方米的大型中心型聚落。聚落内发现有大量谷糠堆积，推测稻谷总量达 2.2 万公斤！

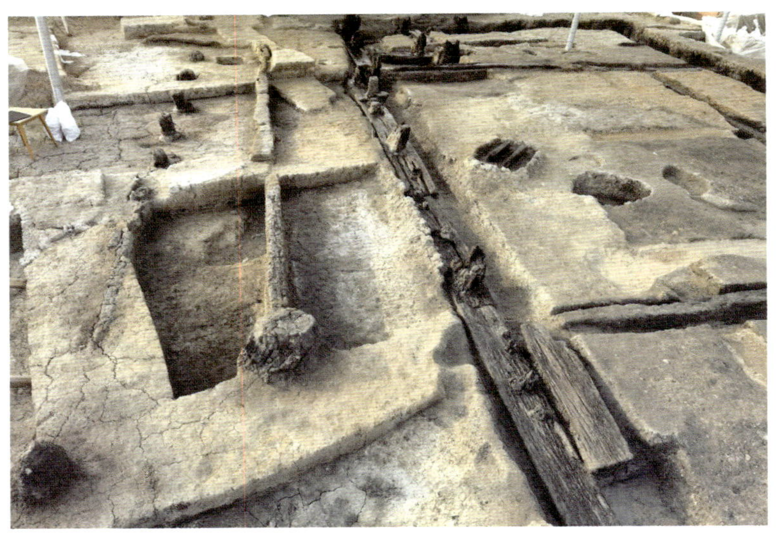

图 3-39 鸡叫城遗址大型建筑 F63 基址

图 3-40 鸡叫城遗址大型建筑 F63 复原效果图

研究表明，鸡叫城聚落群的产生与发展是基于长江流域史前稻作农业发展的结果，具有良好的生态多样性，它完整经历了史前稻作农业社会从初步复杂化到史前文明起源、发展、兴盛、衰落的全过程，为国际社会认识中国史前文化与社会复杂化进程及文明起源提供了不可多得的珍贵样本。同时，考古揭示的鸡叫城遗址多重环壕所组成的城壕聚落集群、水渠和稻田片区，是距今5000 年前后长江中游稻作农业社会所达到的史前文明化之最高层级，为理解稻作农业视野下中华文明起源和早期国家形成的途径与方式提供了重要资料。[1]

【1】《湖南澧县鸡叫城遗址：澧阳平原上的史前文明遗珠》，《中国文化报》2022 年 6 月 16 日。鸡叫城遗址重要考古材料由湖南大学郭伟民教授提供。

二、湖北城河遗址

城河遗址位于湖北省沙洋县后港镇双村村十三组和龙垱村三组，地处汉江西侧、长湖北岸，在荆州古城与荆门市附近（图3-41）。城河及其支流分别流经遗址的西、南及东侧，于遗址东南方位汇合。遗址海拔高度为43—53米。据推测，该遗址可能为屈家岭文化至石家河文化时期的城址，面积约70万平方米。

城河城址偏东北部未见城垣，而是以西北—东南向的自然高岗地作为天然屏障，城址的东、南、西和北面城垣则为平地起筑。城河城址平面呈不规则椭圆形，保存有城垣和环壕系统，以环壕的外边为界，南北长约900米、东西宽约1000米，面积达70万平方米。城垣内侧南北长约600米、东西宽约800米，城内面积约为50万平方米。城垣的外侧有完备的“护城河”环绕，最宽处达61米，最深处有6米以上。与“护城河”呼应，城墙东南、西北及北部中段均设立有水门，城外的河水从西北、北部两处水门进入城内，又分别从西、东两处水道汇集于东南水门，进而借助人工沟渠排至城外的自然河流。如此，既保证了城内大量人口的生产生活用水，又避免了旱涝之灾，展现出娴熟的水资源利用和管理模式。[1]

发掘表明，城河城址的南城垣内坡台地为生产、生活聚集区，发现了大量的生产、生活遗存。遗迹有城垣、灰坑、灰沟（图3-42）

【1】彭小军：《寻找失落五千年的古城》，《光明日报》2019年6月2日。

图 3-41 城河遗址远景

图 3-42 南城垣内坡台地的灰沟

图 3-43 南城垣内坡台地出土的陶器 从左向右依次为陶鼎、陶碗、陶壶

等；出土遗物数量众多，其中多为陶器，有陶鼎、陶罐、陶盆、陶缸、陶杯、陶碗、陶壶（图 3-43）等。

城河遗址的中部台地，即城内的中心区域，为城址的居住区，发现有灰坑、灰沟、陶窑、柱洞、房址、大型院落式建筑、黄土台等遗迹，其中最为典型的遗迹是一座占地面积近 800 平方米的大型院落建筑。该建筑呈西北—东南向，在东、西两侧各有一组建筑，二者对称，中间以墙体相连。这座建筑规模宏大、位置特殊、形制独特，或是城址的中枢。院落东侧是一片广场，南侧有陶窑生产区和祭祀活动区。据推测，当时城河的王住在城内最中心的位置，广场正是王通过其所垄断的宗教信仰向城河居民宣示王权的处所。

城河遗址的中部台地发现有 9 座房址。其中，房址 F9（图 3-44）面积最大，为上述大型院落式建筑的西侧部分，南北长 27.4 米、东西宽 10.2 米，室内宽 8 米左右，总面积约 200 平方米。房址 F9 由五间相连的房屋组成。

2017 年，考古人员在城河遗址的北城垣外的王家塝发现了屈家岭文化时期的墓葬（图 3-45、图 3-46），随后确定了整个墓地的墓葬数量不少于 235 座。墓地中展示的葬仪足以体现当时的社会观念。

墓地以竖穴土坑墓为主，另有少量墓一侧略带“偏洞”，棺木一半被嵌在偏洞中。超过 70% 的墓葬可见葬具，而且保存状况相当不错，这在长江中游史前墓地中非常少见。葬具痕迹包括结构复杂的独木棺和板棺。有的独木棺直径达 1.5 米，有的在棺内还设有隔板，隔板下面放置随葬器物，板上放置墓主。这是在长

图 3-44 房址 F9 三维扫描模型

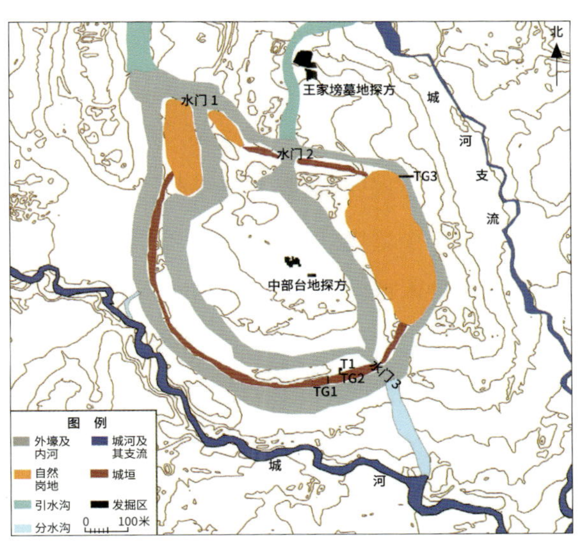

图 3-45 王家塝墓地位置图

图 3-46 王家垮墓地发掘区全景

江中游首次大规模发现史前独木棺，为了解当时葬具结构提供了极为珍贵的物质支撑。

王家垮墓地发现了前所未见的合葬习俗。位于墓地最中心的第 112 号墓（M112），面积达 22 平方米，是长江中游地区迄今为止发现的面积最大的史前墓葬（图 3-47）。这座大墓是“同穴三室墓”，即同一个墓坑，墓底部用土梁隔成 3 个墓室，每个墓室内各埋葬一座独木棺。中间墓室的主人是一名成年男性，他的随葬品包括体量巨大的棺木、暗红色漆盘、大量的磨光黑陶，以及玉钺、象牙器等，这些都足以显示其高贵的身份。尽管两侧墓室人骨无存，但无论从棺木体量和随葬品数量来看，都无法与中间墓室等同。葬礼的过程也极为隆重，不仅随葬了上述大量器物，还在棺外放置了猪下颌骨，并且在填埋过程中，在中间墓室上方摆放了大量的带盖容器，以示对死者的尊重。3 座棺木内都发现了象征军权或王权的玉钺，而且刃口全部指向西方。位于墓地西北部的 M155 号墓出土的玉钺也很有特色，长 25 厘米，刃宽 13 厘米，柄痕长度为 60 厘米（图 3-48）。

在 M112 号大墓的西侧，有一座同穴双室的合葬墓，编号第 233 号。墓主下葬时，葬礼的操办者有意识地在与该墓相邻的第 112 号墓的西端开挖了同穴双室的墓坑，从而形成了一个“五连间墓室”的特殊形制。M233 号墓的两个墓主都是女性，并且都随葬了纺轮，似乎暗示城河先民有着“男持钺、女纺线”的性别分工。

类似于这样的大型墓葬还有 5 座，面积都在 10 平方米以上，分布于墓地的不同位置，并且都是同穴双室合葬墓，墓室内常见体量巨大的棺木和丰厚的随葬品（图 3-49）。通过对保存下来的人骨鉴定可知，这些大型墓葬的主人都是头朝城内，表现出对生活场

图 3-47 M112 号墓出土的葬具及部分随葬品

图 3-48 M155 号墓出土的玉钺

所的眷恋。在它们的周边，则分布有数量不等的中小型墓葬，头向不尽相同。不过，也似乎存在部分墓葬围绕大型墓葬分布的现象。

墓地所在的王家塝是一处自然岗地，是遗址所在范围的海拔最高点。选择在此处下葬，既不占用城内的土地资源、影响生者的日常生活，又能够矗立在制高位置“俯瞰”全城，体现了“生死有别”的理念。有意思的是，此地点恰恰是城外河水进入城内的必经区域，这或多或少体现了水在时人心中的特殊地位！

城河遗址的考古发现，如城垣、人工水系、大型建筑、祭祀遗存等，从内部聚落形态的角度揭示了屈家岭社会的发展。王家塝墓地则是迄今为止发现的规模最大、保存最完整的屈家岭文化墓地，填补了长江中游地区缺乏史前大型墓发现的空白。这些墓葬棺具明确、葬俗独特、随葬品丰富、等级明显，清楚表明屈家

图 3-49 王家墩墓地出土的随葬品

岭社会形成了完备而独具特色的墓葬礼仪，其社会发展程度与同时期的海岱地区和长江下游地区达到了同样水平。[1]

【1】城河遗址主要内容参考彭小军:《寻找失落五千年的古城》,《光明日报》2019年6月2日；中国社会科学院考古研究所、湖北省文物考古研究所、荆门市博物馆、沙洋县文物管理所:《湖北沙洋县城河新石器时代城址发掘简报》，《考古》2018年第9期。城河遗址重要考古材料由中国社会科学院考古研究所史前考古研究室彭小军主任提供。

三、河南南阳黄山遗址

河南南阳黄山遗址（图 3-50）位于河南省南阳市东北部卧龙区蒲山镇黄山村南、白河西岸，是一处重要的新石器时代遗址。遗址的位置在一座高 20 米左右的小土山上，面积约 30 万平方米，文化层厚达 5 米，是一处新石器时代仰韶文化、屈家岭文化、石家河文化玉石器制作特征鲜明的中心性聚落遗址。[1]河南南阳黄山遗址入选“2021 年度全国十大考古发现”。

黄山遗址揭露面积近 1800 平方米，清理出与玉石器制作有关的仰韶文化晚期大型建筑 3 座、中型房址 1 座、工棚式建筑 2 座，屈家岭文化中小型玉石器作坊址 7 座、房址 6 座，以及保存较好的大小墓葬 88 座、祭祀坑 2 座、瓮棺葬 84 座等遗迹，出土了数量丰富的制玉制石工具、玉石料残次品、陶器、骨器等遗物。在大小不等的墓葬中，有数座距今 5300 年左右的屈家岭文化早期大墓，以酋长级大墓 M18、M77 和一批玉石工匠墓为代表。墓地等级森严，人骨保存较好，男性墓主大都随葬品丰富。其中一座墓随葬了一件象牙把手的长弓、两袋石镞、两柄玉钺，墓主脚下堆放 400 多件猪下颌骨，成为酋长类墓的标志。这些精致的玉制石制随葬品揭示了当时社会伴随着礼器制作技术的成熟，礼制已初步形成，这无疑是该历史时期社会发展的一项重要标志。

勘测表明，黄山遗址是距今 5300—4500 年间有大型玉器石器生产“基地”性质的大遗址（图 3-51）。发现有仰韶文化晚期“前

【1】《2021 年度全国考古十大发现揭晓》，《文旅之声》2022 年 4 月 1 日。

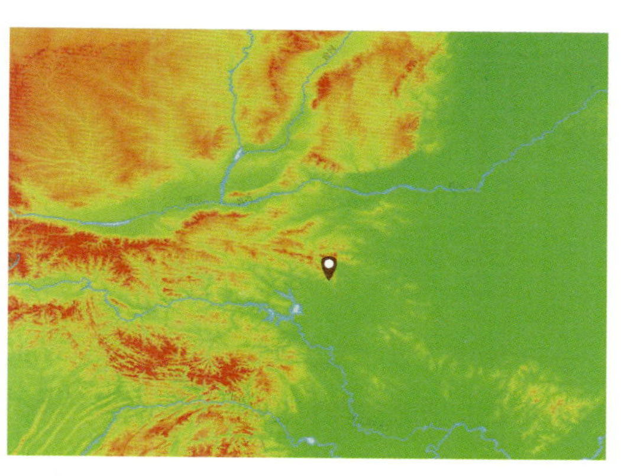

图 3-50 南阳黄山遗址位置图

图 3-51 黄山遗址仰韶文化晚期大型制玉作坊

坊后居”性质的房址，面积在120 平方米以上，规划整齐、体量宏大、结构复杂，保存之好国内罕见。

黄山遗址的考古发现填补了中原地区和长江中游地区新石器时代玉器作坊遗存的空白，在南北文化交流碰撞的关键地区、距今 5000 年左右的关键时间，为研究中华文明的起源和形成提供了关键材料。[1]

【1】马俊才：《河南南阳黄山遗址》，《大众考古》2020 年第 12 期。黄山遗址重要考古材料由河南省考古研究院马俊才提供。

第五节
长江下游——安徽含山凌家滩遗址

安徽凌家滩遗址（图 3-52）的年代为距今 5500—5300 年左右，时间与前述张家港东山村遗址相衔接。遗址面积达 100 万平方米，是安徽南部乃至长江下游地区同时期规模最大的遗址。该遗址分为贵族墓葬区、高等级建筑区、祭祀区和一般居住区。

凌家滩遗址发现了规模巨大、随葬品十分丰富的高等级墓葬

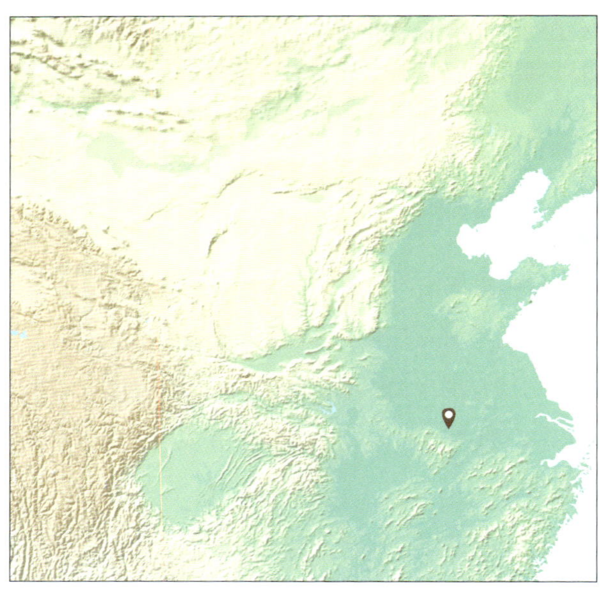

图 3-52 安徽凌家滩遗址区域图

图 3-53 凌家滩遗址的高等级墓葬以及新发现的大型建筑基址

（图 3-53），如 2007 年发掘的 23 号墓（简称 07M23），发现有大量随葬品，仅陶器便有 10 件。随葬品以玉器为主，多达数百件，这体现了当时凌家滩地区十分明显的社会分化现象。

07M23 号墓的墓主在墓葬的正中部位。墓主尸骨上上下下置有多件武器，尸骨下方铺有数十件石锛。由图 3-54 可知，唯

图 3-54 07M23 号墓墓主尸骨下的玉钺等随葬品

一一件精美的玉器——玉钺——枕于墓主的头部，显然，这件玉钺很受墓主珍视。墓主的耳朵上戴有耳环，头部左侧还有很多圆圈状的石制饰品，胸前挂有长条形的弯曲状玉璜，腹部有多件带孔石钺。石钺上开有一个孔，用来与柄连接。这种石钺可用作武器，进行挥砍。此外，墓主的两条手臂上各有数十件石环石钏（图 3-55）。

值得注意的是，墓主的腹部有三件目前为止存在争议的、其形状类似距今 9000—7500 年前河南省舞阳县贾湖遗址出土的龟甲，有人推测其或许为石制的龟类仿制品。笔者不认同这种推测，认为其更接近一种铃，因为这类饰品上有几个孔可用来穿线，故可以系在腰间；更重要的是，这种饰品的每一件内部都有一根长

图 3-55 07M23 号墓随葬的武器石钺、石钏和祭祀用具

图 3-56 凌家滩遗址贵族墓随葬玉器　上排从左到右依次为玉龙、三角形刻纹玉器、彩石钺、刻纹玉版；下排为玉喇叭形饰、玉龟和双虎头玉璜

条的舌——铃铛里的舌，能够摇晃发音，故而笔者推测这类饰品或为铃的前身！此后，到了夏王朝前夕、尧的时代，铜铃才被发明。不过，这类饰品或许与龟存在一定的相似性，因为龟也可系在腰间，也可用于宗教仪式，并且龟甲在仪式过程中也会发出响声，与铃相似，也属于响器的一种。

凌家滩遗址贵族墓出土的随葬玉器很有特色（图 3-56）。例如，1987 年发掘的凌家滩遗址 4 号墓（M4）出土的随葬品中，玉器有 133 件，其中出土的石钺虽不是玉制的，但亦由材质精美的彩石制成。值得注意的是，M4 出土的玉龟也与红山文化出土的玉龟相似，具有“缩头龟”的造型。此外，M4 也出土了玉鸟，其

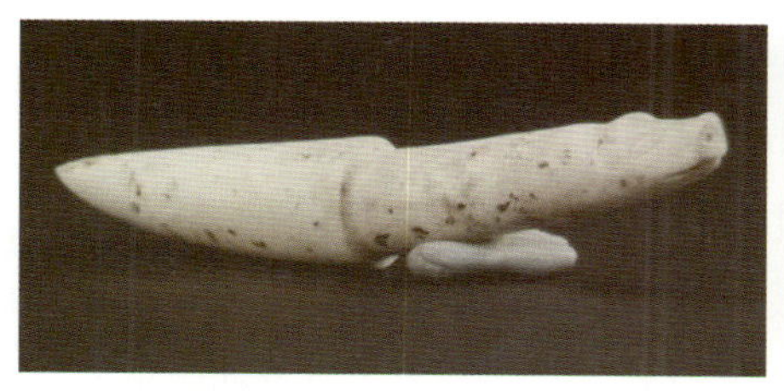

图 3-57 凌家滩遗址贵族墓出土的随葬物
依次为龙首形玉器、玉鸟、仰韶文化纹饰风格彩陶壶、玉钺和玉人

图案十分别致、精美（图 3-57 右上）。又如 98M16 号墓出土的玉龙，龙纹于前文所述辽河流域红山文化时期出土的玉龙都为 C 形龙。

凌家滩遗址的每个大墓都出土有玉人。玉人的姿势如图 3-57 所示，有站立的，也有蹲着的。值得注意的是，玉人的手臂上有数行横纹，很明显，这些横纹代表环、钏等饰品，与墓主人手臂上的石环、石钏一致。由玉人的装饰与墓主相同可推断，玉人应该即是墓主的形象。大墓中还出土有玉鸟，其鸟身有一个太阳图案，因此一般被认为是太阳鸟。此外，还出土有保留加工痕迹的钺以及刻纹牌饰，牌饰上也有太阳图案。

凌江滩遗址被列入探源工程后，考古工作者对遗址的面积、遗址内的功能分区、周围同时期聚落的分布情况进行了大量卓有成效的考古发掘工作，了解到该遗址面积达 140 万平方米，是巢河流域同时期规模最大的中心性聚落。遗址周围密集分布着一些中小型聚落。遗址由墓葬区、祭祀区、高等级建筑区和一般居民区构成。近年的考古发掘揭露出面积达 3000 平方米的大型红烧建筑基址和出土 60 多件玉石钺及龙首形玉器的祭祀坑，并判明遗址的兴盛年代在距今 5500 年到 5300 年。该遗址的一些要素被良渚文化所继承，应是良渚文化的重要源头之一。从遗址的规模、大型红烧土建筑的规模、随葬品达 300 多件的大墓所反映的悬殊的贫富分化等情况看，凌家滩遗址有可能已经进入文明社会。今后，随着考古工作和多学科研究的深入开展，该遗址很可能成为中华五千多年文明的重要实证。

综上所述，凌家滩遗址的大墓及其出土的随葬品显示了距今 5500—5200 年间，长江下游地区的社会进一步分化的情况。大量玉钺的出土暗示当时的首领掌握了军事指挥权，玉龙、玉鸟、玉龟、玉人等饰品则带有浓厚的宗教色彩。此外，由凌家滩遗址百万平方米的大型聚落、居住址以及高等级建筑、墓地和祭祀区可知，这里已俨然具备了都城遗址的规模，且社会贫富分化已十分严重，权贵阶层可能已掌握“通神祭祀”的权力。因此，当时的社会应已跨入了初期文明时代的门槛！[1]

【1】本节重要考古材料由安徽省考古研究所和安徽博物院提供。

第四章

古国文明　高潮迭起

◎ 距今 5300 年前后，长江下游地区出现了犁耕和大规模的稻田；田埂和灌溉沟渠规整，稻作农业技术已相当成熟。距今 5100 年至 4300 年的良渚古城周边大规模的水利系统、古城核心莫角山南侧出土的 20 万公斤稻谷堆积等，表明发展农耕、掌握仓廪是良渚的国之大事。近年在浙江的余姚施岙、临平茅山遗址发现良渚时期的以树枝、竹条和废弃独木舟堆砌的宽大田埂，纵横交错；河道、灌水孔、排水槽，规划有致。施岙的稻田已确认有 8 万平方米。这些古稻田的初步修整，甚至可以早到距今 7000 年前后的河姆渡文化时期。远离良渚国家都邑的史前稻田和耕作系统，显示出良渚早期国家超乎想象的稻作农业规模，以及由此拥有的经济力量。这些发现表明，良渚早期国家是建立在一套较为全面的宗教、政治、经济、军事体系基础上的。

距今 5100 年，良渚古城成为长江下游的超大型都邑城市，内城面积 300 万平方米，外城 630 万平方米，是当时世界上规模最大的都邑。为了防止山洪，在古城以北修建了长 10 余公里的高坝和低坝，这是同时期世界上规模最大的水利调节系统。修建古城和巨型水坝，反映出良渚王权组织开展大规模公共建设的能力。

这一时期，我国各地都出现了高技术含量的手工业制品，如精美的玉器、陶器、漆器和绿松石装饰品。良渚文化的大墓有玉琮、玉璧等上百件高等级随葬品出土。良渚文化出土的玉琮表面刻有精美兽面纹，1毫米的宽度内就有五到六条刻线。几乎与此同时，黄河下游地区可以生产器壁厚度不到1毫米的“蛋壳陶”。这些制品工艺技术复杂，绝非一般工匠能够掌握，说明当时已出现具有专门技能的工匠家族。这些高技术含量手工业的专业化是社会分工的重要表现。

距今4300年前后，中华文明的进程出现重要转变，其主要特征是中原地区的崛起。距今4300—4100年，气候发生较大变化，气温异常，降雨不均，洪水频发，各地区文明的进程受到较大影响。

这一时期，长江中下游地区文明衰落，黄河中游地区文明进程加速发展。距今4300年时，黄河中游的势力集团在与周围其他集团的力量对比中逐渐占据优势，山西陶寺和陕西石峁两座巨型都邑相继出现。

陶寺城址的年代约距今4300—4000年。城址长1800米、宽1500米，面积280万平方米。陶寺城址出现了黄河中游地区最早的宫城。大墓出土近百件随葬品，包括鼍鼓、石磬、玉石钺、彩绘龙纹的大型陶盘。在陶寺遗址发现一处半圆形的坛状遗迹，天文学家认为是当时观测天象，确定春分、秋分、夏至、冬至等农时节气的观象台，这与《尚书·尧典》中尧“观象授时”的记载相符。陶寺城址还出土了我国最早的铜铃和铜容器残片。在其中一件出土陶壶上发现了两个字，说明当时可能已出现文字。陶寺城址的年代、位置、规模、等级都与文献记载的尧都平阳较为吻合。

石峁城是近年来发现的用石块砌筑的山城，使用年代为距今

4100—3900 年，面积 400 万平方米。石峁城由外城、内城和皇城构成，有多种防御设施。城内核心处的皇城台分数层砌筑，总高度达数十米，台顶有大型宫殿建筑，台下有宽阔的广场、通向城内的门楼和道路。宫殿台基上有雕刻兽面及各种动物形象的石条和石柱。在皇城台还发现多件高 50—100 厘米的陶鹰，这应与某种信仰与崇拜有关。石峁城具有浓厚的军事防御色彩，在城内还发现多处埋有青年女性头骨的祭祀坑。这表明，在夏王朝建立前夕，陕北地区的阶级分化已相当严重，出现了拥有强大军事力量的王权国家。

第一节
长江下游——江苏赵陵山和草鞋山遗址、浙江余杭良渚遗址

一、江苏赵陵山和草鞋山遗址

赵陵山遗址位于江苏省昆山市张浦镇吴淞江南岸，面积 1 万余平方米，为新石器时代遗址。

赵陵山是一座人工堆筑的台状土山，东西长 110 米，南北宽 80 米，呈椭圆形，占地 1 万平方米，高出四周约 9 米，周围有古河道环绕。1990 年、1991 年和 1995 年，考古工作者对赵陵山遗址进行了 3 次考古发掘，发掘面积达 2000 平方米，共发现以良渚文化为主的墓葬 94 座[1]，其中小型墓占三分之一，中型和大型墓占三分之二，按墓主贫富贵贱分区埋葬，出土随葬品 600 余件。其中，属于良渚文化的大型墓葬 M77，随葬品多达 160 件，其中玉器 125 件，石器 21 件，陶器 10 余件，并有一件人、兽、鸟三者组合的透雕玉器，被视为稀世珍品（图 4-1）。

值得注意的是，良渚文化的墓葬发现有规模较大的集中杀殉现象。被杀殉的人中，有半数被砍掉了下肢或双脚，这在良渚文化遗址乃至夏王朝之前的全国范围内都属罕见。据推测，这些被杀殉的人不大可能是墓主人的亲属，而很有可能是战俘，或是生

【1】南京博物院：《赵陵山 1990—1995 年度发掘报告》，北京，文物出版社，2012 年。

图 4-1 赵陵山遗址 77 号大墓出土的玉器

前因犯罪等原因成为供墓主人役使的奴婢。

此外，在赵陵山遗址的良渚文化层中还出土了数量众多的鱼鳍形、T 字形鼎足，并发现了良渚文化迄今为止最大的石钺[1]。

草鞋山遗址位于赵陵山遗址的西北方，在今天的苏州市唯亭镇东北，面积 4.5 万平方米。遗址包括生产区、生活区和墓葬区。1972 年、1973 年，考古工作者对草鞋山遗址进行发掘，揭露面积达 1037 平方米。

草鞋山遗址的下层属马家浜文化，发现新时期时代墓葬和木架结构地面房址。墓葬一般随葬少量陶器，有些死者头骨用陶器覆盖，或置于陶器中。草鞋山遗址的墓葬存在同性合葬墓，反映了母系氏族社会的偶婚制葬俗。同时，该遗址还出土有炭化粳稻、籼稻及野生葛罗纹织品，据勘测，使用年代为距今 6300—6000 年。遗址上层的崧泽文化层发现有随葬猪下颌骨的墓葬和成年男女合葬墓，反映了父系氏族社会的葬俗。[2]

【1】王巍主编：《中国考古学大辞典》，上海，上海辞书出版社，2014 年，第 277 页。
【2】王巍主编：《中国考古学大辞典》，上海，上海辞书出版社，2014 年，第 225 页。

图 4-2 草鞋山遗址 M198 号墓的随葬品

1972—1973 年对草鞋山遗址的考古发掘，最为重要的发现是 198 号大墓（M198）。198 号大墓是一座良渚文化晚期的墓葬，出土了精美玉器和陶器（图 4-2）。墓主可能是草鞋山一带的统治者。在此次考古发掘中，第一次出土了良渚文化时期的玉琮（图 4-3）！在此之前，玉琮在故宫博物院以及欧美一些发达国家的博物馆都有收藏，往往被认为是春秋战国，甚至汉代的玉器。此次草鞋山遗址的考古发现证明，它是良渚文化的玉器。这座大墓的发现不仅反映出当时已经掌握了高超的琢玉技术，还使学术界认识到良渚文化时期已经出现了严重的社会分化。草鞋山遗址的发现，拉开了考古学界研究长三角地区文明起源的序幕。[1]

【1】赵陵山遗址和草鞋山遗址的重要考古材料由南京博物院提供。

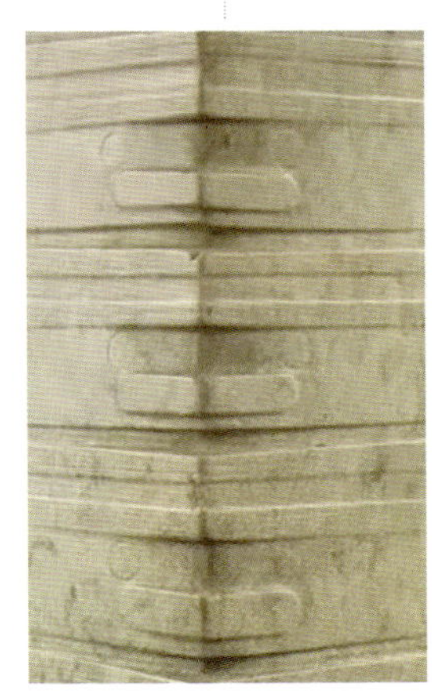

图 4-3 草鞋山遗址 M198 号墓出土的玉琮

二、浙江余杭良渚遗址

浙江余杭良渚文明是长江下游地区史前文明的一个高峰。良渚遗址（图 4-4）位于长江下游的江、浙、沪地区，良渚古城大致建于距今 5100 年前。良渚遗址被中华文明探源工程作为四大重点遗址之一[1]。

2006 年，探源工程的考古工作者在良渚遗址发现了良渚古城的大型城墙，如图 4-5 中的橙色部分所示。良渚古城东西长 1500—1700 米，南北长 1800—1900 米，总面积达 290 多万平方米。古城中间有一座高台，叫作“莫角山”，为人工堆筑，总高 10 米左右。

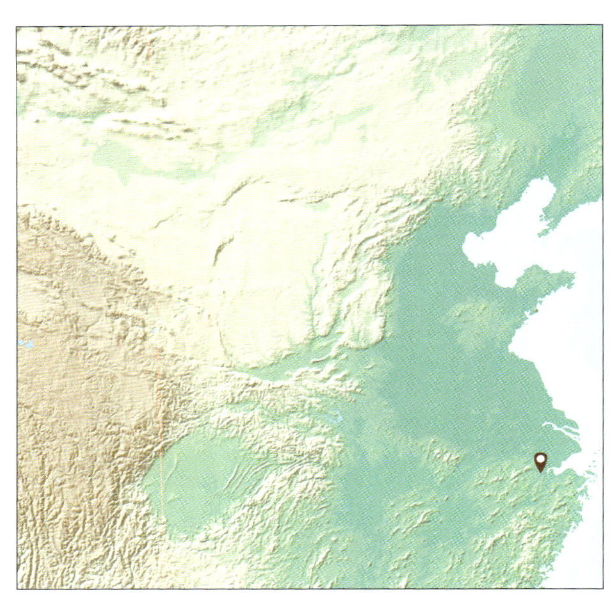

图 4-4 浙江余杭良渚遗址区域图

【1】中华文明探源工程的四大重点遗址：浙江良渚遗址、山西陶寺遗址、陕西石峁遗址和河南二里头遗址。

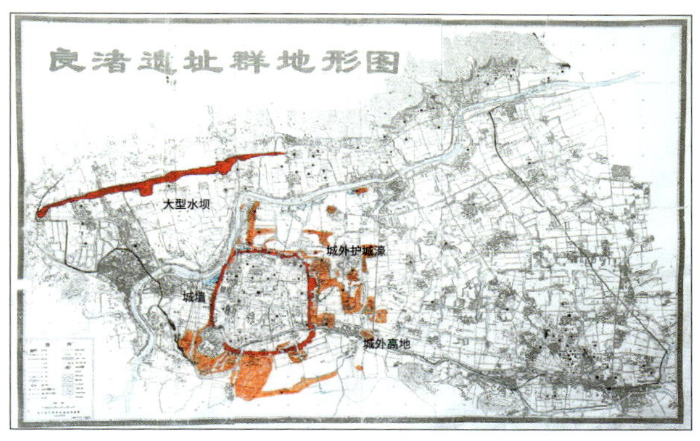

图 4-5 良渚古城及周围遗迹位置图

近年来，考古工作者又在良渚古城外围发现了一座外城遗址，系利用内城周围的低丘陵自然山势，结合人工堆筑，修建成的面积达 620 万平方米的巨型城址，大小相当于 8 个故宫。

良渚古城比较特别，城内有相当大的区域为水体部分，当时的居民主要生活在城外的高地上，而高等级社会权贵阶层居住在

图 4-6 良渚古城的内城城墙

城内莫角山 30 万平方米的高台上。

良渚古城的内城城墙（图 4-6）系围绕莫角山四周而建，布局略呈圆角长方形，正南北方向。城墙底部宽度为 40—60 米，因系修建于沼泽之上，故先铺垫石块作为基础，再于础石上用较纯净的黄土堆筑墙体。石块和黄土均从别处运来，因此工程量极其巨大。城墙保存较好的地段高度约 4 米。探源工程的考古工作者在发掘良渚古城的城墙时，起初认为其系春秋战国时期的城墙，经过测年，确定该城墙修建于距今 5100 年前。在内城城墙之外，有宽数十米的壕沟。

古城内的莫角山是一座高台，城内的高等级建筑皆集中于这座高台上。为了防止山洪的侵蚀，当时的人在古城和莫角山之间修建了巨大的水利工程——拦水坝，又被称为“塘山土垣”（图 4-7），其库容面积相当于今天的两个西湖。拦水坝分设高坝和低坝。探源工程的工作人员经过研究发现，高坝和低坝可抵御不

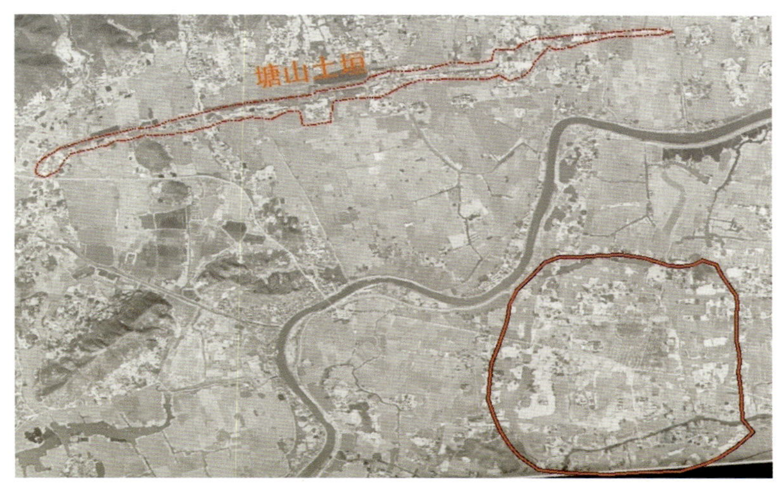

图 4-7 良渚古城北部巨大的拦水工程

同高度的洪水层；也有学者认为，良渚古城的拦水坝不仅具有防洪功能，其高、低坝的设计或许还具有在不同水位期蓄水、用于稻田灌溉的功能，不过目前学术界对此尚未有定论。总之，这是一座拱卫着良渚古城的大型水利设施。

前文已述，良渚古城之外还有一圈面积达 620 万平方米的外郭城。外郭城的修建是一项非常巨大的工程。具体而言，在良渚古城的外围，由人工堆筑而成“扁担山—和尚地”等长条形高地，宽约 30—60 米，人工堆筑高度约 1—3 米。这些高地断续相接，基本构成外郭城的形态。外郭城的存在显示，当时良渚古城之外一定范围内的区域是经过规划的居住区。图 4-8 显示了良渚古城的整体组成部分。

我们根据考古发现和研究分析，对良渚古城的内城、外城和

图 4-8 良渚古城的整体组成

水利设施的修建过程作了如下的还原：为了防止建于沼泽区域的城址遭到城北丘陵地区洪水的侵害，在筑城之前，良渚社会的最高统治者集中了周围广阔地区的成千上万的广大劳动力，修筑起巨型水坝。在修建水坝后，又在城内中心位置堆筑起长 630 米、宽 450 米，高近十几米的高台——莫角山；在高台上，修建出多组高等级建筑群，供权贵阶层居住；又以高台为中心，周围修建起面积近 300 万平方米的内城。内城使用一段时间后，再于内城之外，修建面积达 620 万平方米的巨型外城。经过估算，修建城内高台、内城、外城和巨型水坝的工程量为 3600 万个劳动日，如果动用1万劳动力不间断地修建，大约也需10年的时间才能完成。如果仅仅依靠良渚古城内及其附近的居民是根本不可能完成的。良渚社会的最高统治者显然动员了归其统辖的相当广阔地域的人来共同参与这一超大型公共设施的兴建[1]（图4-9）。由此可见，当时良渚社会的最高统治者已具有非凡的动员和组织人力的权威和能力。如果不是已进入文明社会，如果不是国王动用了举国之力，兴建如此巨大的工程是完全不可想象的！

良渚古城北部的巨型水坝由人工修筑，坝体由草包泥（将泥土包于类似芦苇的草类材料中，制成草包状的堆积物）及黄土间隔堆筑而成。这些草包泥连同土、石等所有筑坝材料，皆由船只从别处运送到筑坝处。由剖面图（图4-10）可知，水坝连接两边山体，且完全由人工堆筑而成。这一巨型工程是同时期世界范围内最大的水利工程！

莫角山遗址位于良渚古城的正中心，是目前已知的史前中国最大的宫殿区。莫角山实际为人工堆筑的长方形覆斗状土台，台体底面东西长约630米、南北宽约450米，顶面东西长约590米、南北宽约415米，面积近30万平方米。通过发掘及钻探得知，莫角山西部利用了原有的自然山体，人工堆筑厚度约2—6米；东部的人工堆筑厚度约10—12米。整个宫殿区土台土方量达211

【1】浙江省文物考古研究所：《杭州市余杭区良渚古城遗址2006—2007年的发掘》，《考古》2008年第7期；刘斌：《杭州市余杭区良渚古城遗址2006—2007年的发掘》，《考古》2008年第7期；赵晔：《余杭卞家山遗址发现良渚时期“木构码头”等遗存》，《中国文物报》，2003年9月23日，第1版；浙江省文物考古研究所：《杭州市良渚古城外围水利系统的考古调查》，《考古》2015年第1期；浙江省文物考古研究所：《杭州市良渚古城外郭的探查与美人地和扁担山的发掘》，《考古》2015年第1期。

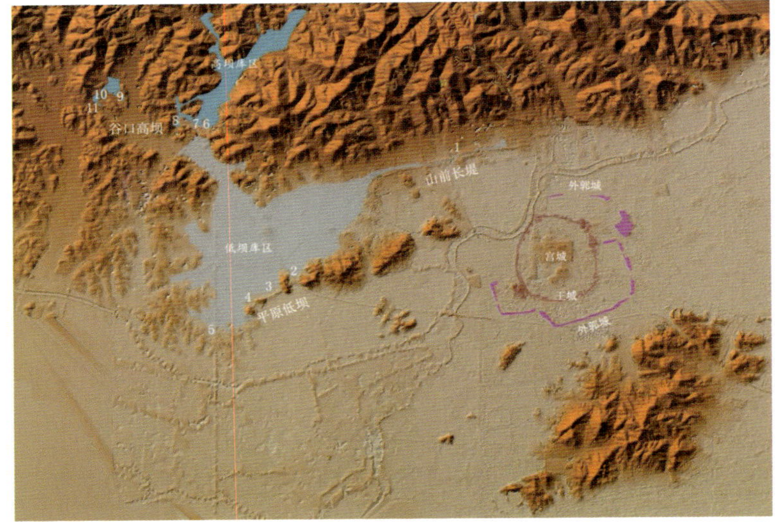

图 4-9 良渚古城北部大范围的治水体系

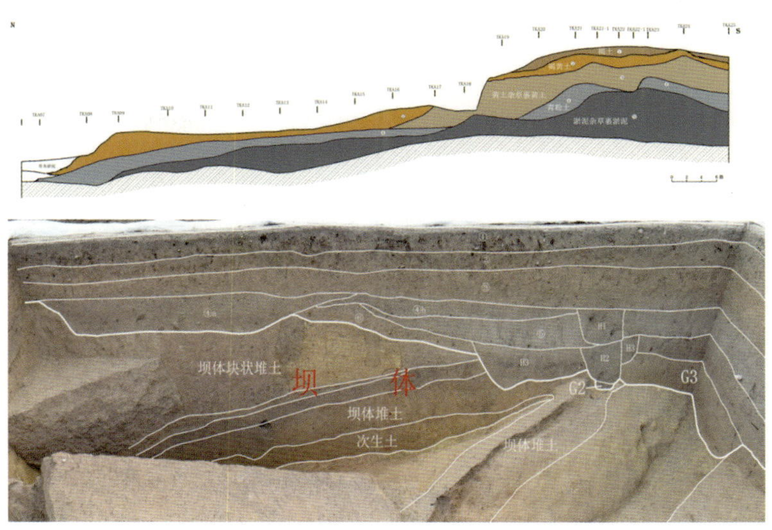

图 4-10 良渚古城北部水坝的坝体剖面图

万立方米。在莫角山的宫殿区之上，另有大莫角山、小莫角山、乌龟山三处小型土台，大莫角山部分人工堆筑厚度达 16.5 米。

考古工作者在莫角山遗址发现有水稻区（图 4-11 中蓝色部分）和高等级建筑基址（图 4-11 中绿色部分）。高等级建筑周围有围墙围绕，以区别于其他建筑。在大莫角山南部、小莫角山南部、乌龟山南部及三座小型土台之间发现有大片的沙土夯筑面，即沙土广场。沙土广场呈曲尺形，东西长约 410 米、南北宽约 380 米，其面积据推测达 8 万平方米。沙土广场由黏土和沙土相间夯筑而成，质地坚硬。沙土部分主要是河沙，掺杂泥土和石头颗粒；泥土主要为取自山上的黄色黏土。夯筑采取平夯工艺，层次清晰，可剥剔出明显的夯窝。各处夯层从一层到十余层不等，各夯层一

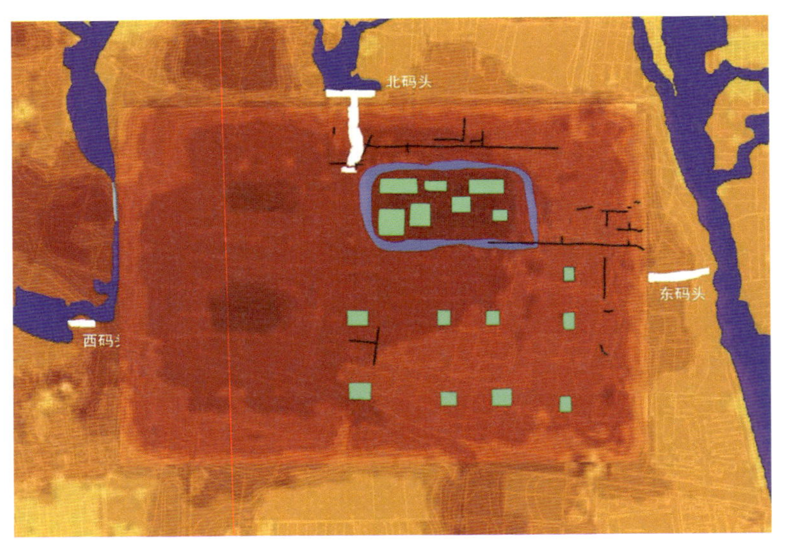

图 4-11 莫角山遗址

般厚 5—15 厘米，夯筑总厚度一般为 30—60 厘米，部分区域较薄，仅厚 10 厘米。大莫角山南部最厚处可达 130 厘米。据推测，沙土广场应是莫角山宫殿区内举行重要仪式的场所。沙土广场的南部和东部发现有东西成两排、南北成四列分布的 9 座土台房基，面积在 200—500 平方米之间，编号分别为 F8 至 F16。9 座房基排列整齐，可能是宫殿区内的贵族居所。土台房基分布于沙土广场的外缘，二者无叠压打破关系。据推测，这些遗迹是在一次整体规划下设计完成的。

在北排的 F9、F11、F12 三座房基的附近还发现有沟槽状遗迹（图 4-12）。F12 北部的沟槽状遗迹分布在东西约 19 米、南北约 12 米的范围内，面积约 200 余平方米，由 17 条南北向沟槽和

图 4-12 房基周围的沟槽状遗迹

3 条东西向沟槽组成。沟槽宽度一般为 30—40 厘米，深度一般为 10—20 厘米，各沟槽间距约 50—80 厘米。东西向沟槽叠压于南北向沟槽之上。

在大莫角山遗址周围，发现有石头围墙遗迹环绕（图 4-13）。围墙东西长约 238 米，南北宽约 114 米。石头墙基宽 35—65 厘米，现存最高处为 40 厘米左右，多数区段仅保留有底部一层石头。部分石头墙基被填筑于沟槽之内，石块多为直径 10—20 厘米的小型鹅卵石。

大莫角山为一座大型宫殿基址，台底东西长约 175 米，宽约 88 米，呈长方形覆斗状，人工堆筑厚度约 16.5 米，相对高度约 5—6 米。在大莫角山边缘的青灰土面上，还发现有纵横交错叠压的

图 4-13 大莫角山周围的石头围墙遗迹

图 4-14 大莫角山东南部的围沟

方木，应是用于整体加固土台的地基。在大莫角山的四面，最初留有宽约 5.5—12.8 米、深约 0.6—1.5 米的围沟（图 4-14）；在使用一段时期后，围沟被填平，随后又建有石头围墙。可见，大莫角山自始至终都得到了很好的保护，应是最为重要的宫殿建筑基址——据推测，很可能是王的居所！

在小莫角山上，发现有 4 座房屋建筑遗迹（图 4-15），其中的房址 F4 规模较大，年代较早，叠压在年代较晚的晚期房址 F2 和 F3 下。房址 F4 可分为东西两个隔间，其中发现有大型基槽和柱洞。另外 3 座房址年代较晚，东西成排分布，其中晚期房址 F3 保存较好，发现有基槽和 15 个柱洞，可分为东西两个隔间。小莫角山是莫角山上最小的宫殿基址，部分房址保存得相当好，而且

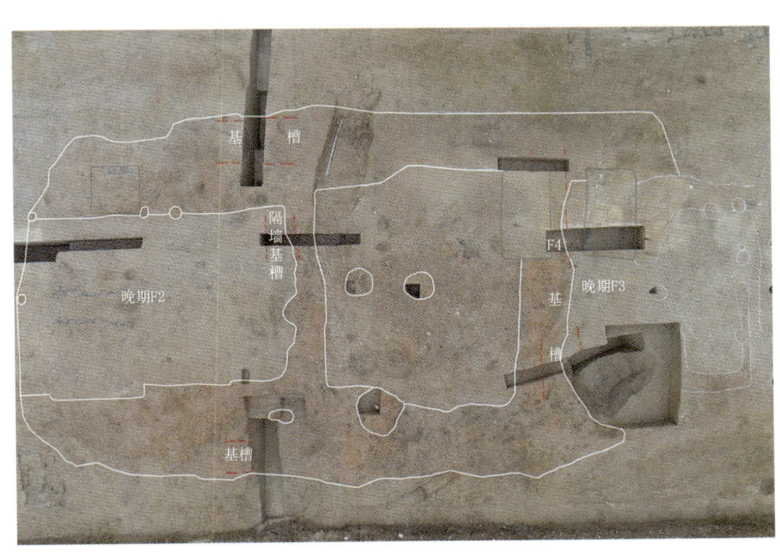

图 4-15 小莫角山上发现的 4 座房屋建筑基址

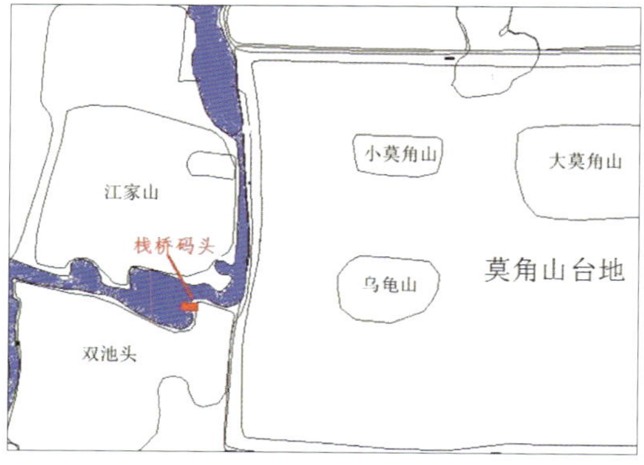

图 4-16 莫角山西坡的栈桥和码头

规模较大，可加深现代人对良渚文化宫殿区内房址的形态及宫殿区内聚落布局的认识。

2012—2013 年，莫角山西南部河湾遗迹的东岸发现了一段通往莫角山遗址的栈桥码头遗迹（图 4-16）。该遗迹的底部是在淤泥上并排铺垫的三个竹片，总长 6.9 米、宽 1.2—1.5 米。竹片两边及两块竹片之间发现有木桩，目前已揭露木桩 36 根。木桩底部削尖，插入原河道淤积土中，顶部则是以榫卯结构架设的水平分布的横木。据推测，横木上铺设有木板，而底部的竹片则应是修建栈桥时铺垫在淤泥上用于行走的道路。栈桥码头废弃之后，其上的横木板被撤掉，代之以草包泥填埋加高。据此，我们可以大致还原当时莫角山的货物进出往来情况：由于莫角山附近长期

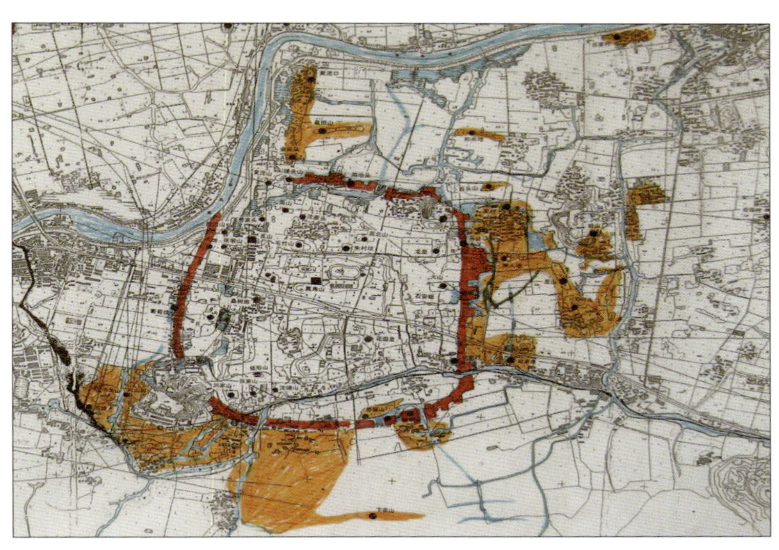

图 4-17 良渚古城的水门、水道

图 4-18 良渚古城东城墙外侧用于保护堤岸的木质护坡

图 4-19 玉架山遗址首次发现的良渚文化的橹

图 4-20 良渚文化的大面积水田

为水面，运送货物主要通过船只；为此，莫角山的外侧设有栈桥和码头，供船只运送货物。

良渚古城内有水门、水道，水道环绕并局部穿过古城（图 4-17）。普通居民居住于城外的高地上。城外也发现有码头、船桩、护坡等设施（图 4-18），还发现了良渚文化时期的橹（图 4-19）。

探源工程的考古工作者发掘了良渚古城附近的茅山遗址，并对当时的农业发展状况进行了研究。该遗址中间的小山叫作茅山。茅山的低处为居住址和墓葬区，更低的地方是利用河道开发出的大面积水田（图 4-20）。图 4-21 为茅山遗址东区良渚文化晚期聚落全景。

早在良渚文化之前，例如在上文所述的凌家滩时代已经出现了石犁，良渚文化的石犁则更为先进。大面积水田和石犁的应用，

图 4-21 茅山遗址东区良渚文化晚期聚落全景

极大地促进了当时的农业发展，使其能够供给良渚地区为数众多的人口（图 4-22）。

此外，考古工作者还在莫角山的高等级宫殿区附近发现了大量炭化稻（图 4-23），重量在 2 万斤以上。炭化稻埋藏在不同的地层（图 4-24），显然是来自周围的不同地区，由周围各族群向此处贡纳而来。总之，稻作农业是良渚文明的一个强有力的支撑。

良渚文化的高等级墓地位于专门砌筑的大型祭坛之上，年代大约为距今 5000 多年前。一座墓葬往往随葬近百件器物，其中以数量巨大的玉器著称；最精美的玉器发现于最高等级的墓葬，

图 4-22 良渚文化的石犁和石耘等田器

表明玉器的生产和制作是由良渚贵族所控制的。最高等级的贵族——王的墓葬随葬有制作精致的玉石钺、玉璧和玉琮（图 4-25）。这些玉石钺、玉琮和玉璧等玉质器具只见于大型墓葬中（图 4-26），

图 4-23 莫角山遗址发现的炭化稻

图 4-24 莫角山遗址埋藏炭化稻的不同地层

应是为了彰显持有者拥有军事权和主持原始宗教祭祀活动的权力，也是象征尊贵身份和祭祀神灵的器具——礼器。值得注意的是，良渚玉器花纹复杂精美、主题单一，体现了良渚社会信仰的高度一致性。

良渚文化考古发现的“神徽”形象引起了我们的特别关注，这应是当时良渚社会普遍流行的一种宗教标志。在良渚文化各地区高等级墓葬中，虽然随葬的玉器多种多样，但玉器上的主体形象皆有一个大大的眼睛——我们将这种形象称为“神徽”（图4-27）。神徽的形象应为具有鼻子、嘴和大眼睛的兽面形象；兽面下方有两个匍匐的前爪；上方骑有一个戴着羽毛冠的人，两只手驾驭着神兽。目前，关于这种神徽的形象有各种不同的解释，有人认为其为良渚人民的祖先形象，有人认为其代表骑着神兽升天，等等。无论如何，这种神徽在良渚文化分布范围内普遍存在。据此推测，当时整个良渚文化区域应是形成了一种统一的原始宗

图 4-25 良渚文化墓葬中出土的玉器

图 4-26 良渚文化的祭坛和贵族墓

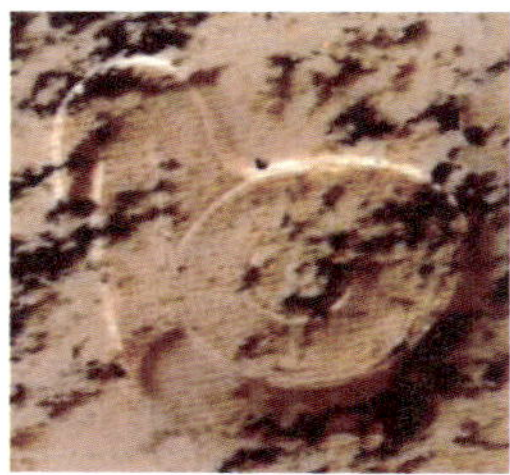

图 4-27 刻有神徽的玉器

图 4-28 良渚文化的各种玉器

教信仰体系，而且这种信仰应该也是支撑王权的一个重要象征。因为这样的雕刻——不管是在玉璧、玉琮还是玉钺上——都只见于大型高等级墓葬，而这些墓葬无一例外都位于一座长方形祭坛上；祭坛应是在停止使用一段时间后，才被作为高等级墓地的。墓葬中的高等级玉器非常多（图 4-28），不少墓葬有数十件以上高等级玉器随葬，而且各种玉器上都有神徽图案。

除了神徽，良渚文化高等级墓葬出土的玉石钺也很特别。其中有一件玉石钺，木柄已朽烂，但木柄两端的装饰还在，可以复原成如图 4-29 所示的权杖。这种权杖不是很长，应为“单手持”

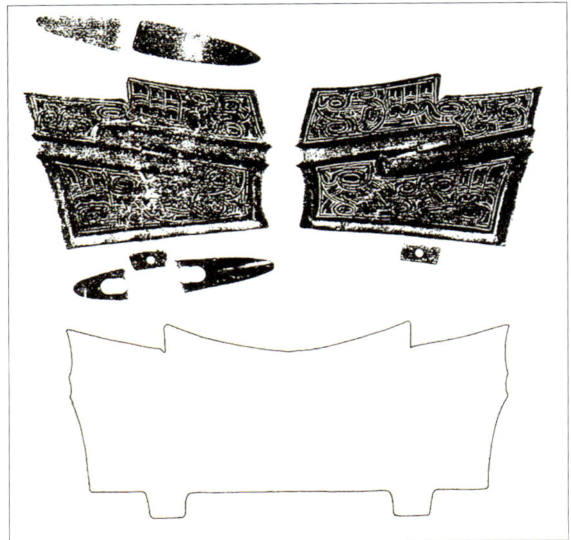

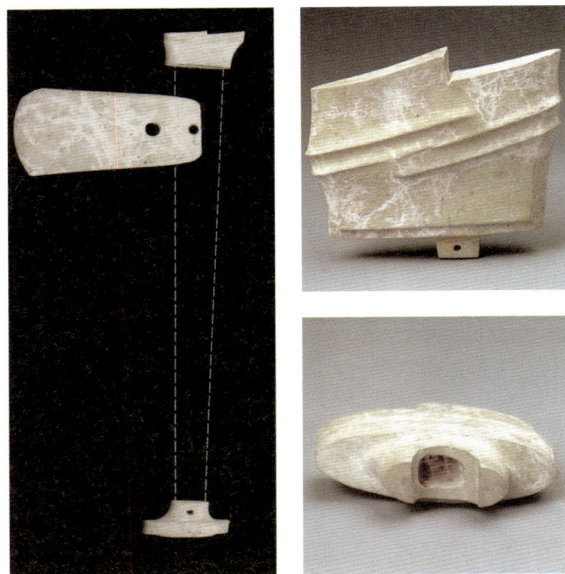

图 4-29 玉权杖复原图

图 4-30 良渚文化的玉璧

的形态。由于权杖是一种武器，故可表明持有者掌握军事指挥权。据此可知，当时良渚社会的主要权力有两种，一是宗教祭祀权，一是军事指挥权。当时的良渚文化分布于江、浙、沪交界之处十分广大的范围，良渚古城则可被视为首都，其他属于良渚文化的各地区都有自己的区域性中心；且如上文所述，它们有着一个共同的宗教祭祀信仰体系和共同的管理机构（图 4-30）。这是长江下游地区早期国家和王权的一个典型形态！[1]

【1】赵辉：《良渚的国家形态》，《中国文化遗产》2017 年第 3 期。良渚遗址的重要考古材料由浙江大学刘斌教授和浙江省考古研究所方向明所长提供。

第二节
长江中游——湖北石家河城址

发现于长江中游的湖北天门石家河遗址大致与浙江余杭良渚遗址属于同一时期。石家河城址（图 4-31）位于湖北省天门市石河镇，考古工作者在该遗址发现了距今 4800 年的一座小型城址，以及距今 4300 年的一座大型城址，城址面积达 120 万平方米[1]。城址略呈圆角长方形，其上发现有夯土城墙和护城河；城内分布着邓家湾、谭家岭、肖家屋脊、三房湾、罗家柏岭等大型遗址，发现大量房址、墓葬、灰坑和一些祭祀遗迹，出土大量陶器、石器、玉器和一些铜器残片、铜矿石等遗物。城外还分布着许多从属的聚落。古城始建于屈家岭文化晚期，兴盛于石家河文化早、中期，属石家河文化石家河类型。[2]

石家河城址内发现有祭祀区，并出土了数万件红陶杯、大量小型的陶塑人像和动物塑像。在城址衰落时期的瓮棺葬中，出土了数十件制作精美的玉器。这些出土的随葬品反映了当时的社会分化情况，也使这座古城折射出十分浓厚的原始宗教色彩。

较为特别的是随葬品中的大量泥质小型塑像（图 4-32），造型别具一格，其中有很多人抱鱼或人抱其他物品的形象。

【1】湖北省文物考古研究所、北京大学：《肖家屋脊》，北京，文物出版社，1999 年。
【2】王巍主编：《中国考古学大辞典》，上海，上海辞书出版社，2014 年，第 271 页。

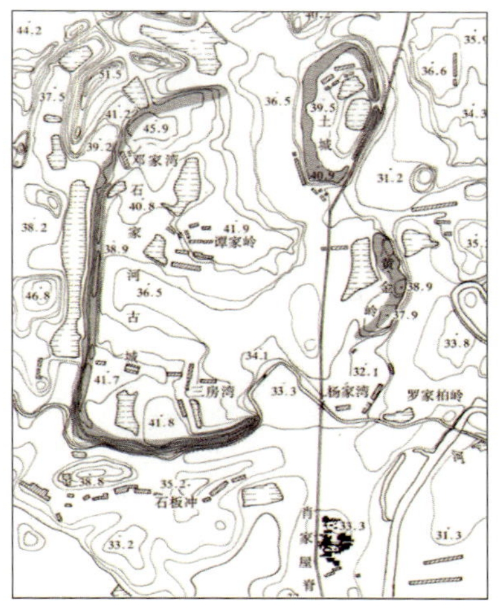

图 4-31 湖北天门石家河城址

图 4-32 石家河遗址出土的泥质小型塑像

石家河城址兴盛以后肖家屋脊文化时期（距今约 4200 年）的贵族墓葬中出土的玉器也很有特色（图 4-33），例如，该城址出土了与前述安徽含山凌家滩遗址出土的 C 形龙造型相似的玉龙，其形状也呈 C 形；还出土有大量雕刻人像的玉器，且每一件人像

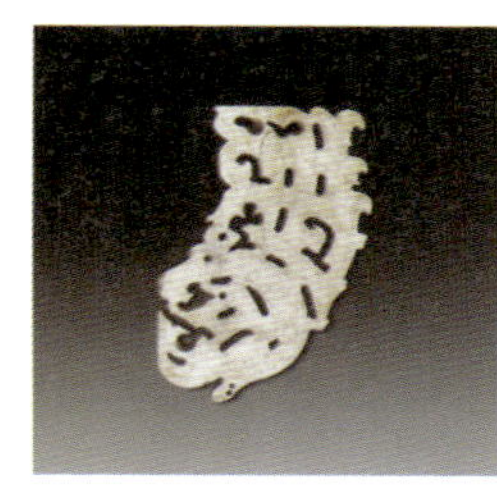

图 4-33 石家河遗址贵族墓葬中出土的精美玉器

的造型都不相同，但都有大耳环。这种人像造像也见于商周时期。这些精美的出土玉器反映了当时社会的进一步分化情况。

长江中游地区的宗教信仰可追溯到距今 7000 年前的高庙遗址，该遗址中具有代表性的宗教饰品为具有大獠牙的野兽饰物。据此推测，石家河遗址的宗教信仰或许继承了一部分高庙时期的宗教特征，有学者认为前者延续了高庙的习俗，其中或许也包括苗族等少数民族的先民遗留下来的一些文化特点，但这一观点尚有待证实。无论如何，石家河城址出土的随葬品展现了非常浓厚的原始宗教色彩，以及独具风格的社会分化过程。

印信台遗址是一处石家河文化时期的大型祭祀场所，也是迄今长江中游发现的规模最大的祭祀场所。在石家河古城西城壕外，发掘揭露了 5 座石家河文化晚期人工堆筑的黄土台基。在台基周

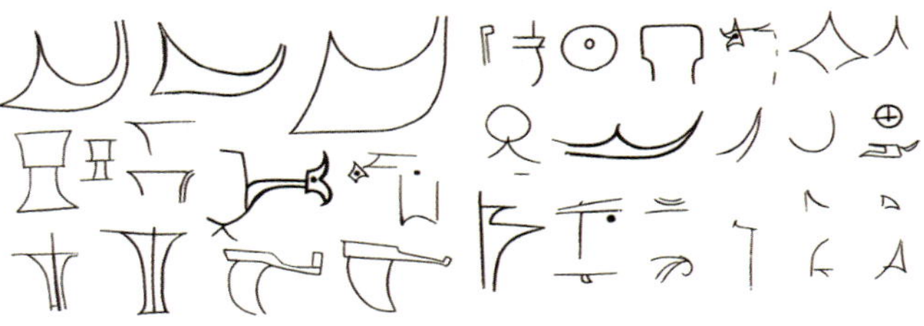

图 4-34 石家河印信台陶缸上的刻划符号

图 4-35 后石家河文化时期的玉器

围，除瓮棺、扣碗、倒扣缸等特殊遗迹外，还发现多组套缸遗迹，套缸系夹砂厚胎缸口底相连而成，其中套缸 4 尚保留有 7 米多长，并在套缸上发现 10 余种刻画符号。石家河刻画符号主要出现在大口尊及套缸之上，以祭祀内容为主题（图 4-34）。这些刻画符号有明确的意义表达，有的可说初步具备了原始文字的基本特征。

通过上述城址的发现情况可知，长江中游地区也经历了 10000 年前农业出现、8000 年前农业初步发展、6000 年前出现城址、5000 年前屈家岭文化晚期社会分化严重并进入初期文明社会的发展历程。在距今 4300 年的石家河文化时期，长江中游地区的文明达到了高峰，直至距今 3900 年左右，为后石家河文化时期，这一时期的玉器也越发精美（图 4-35），反映了先进的生产力水平和更为明显的社会分化现象。[1]

【1】本节重要考古材料由湖北大学孟华平教授、湖北省考古研究院方勤院长提供。

第三节
长江上游——四川成都宝墩遗址

四川成都宝墩古城遗址是一处新石器时代遗址，位于四川省新津县龙马乡宝墩村，为成都平原史前城址之一，宝墩文化也因之得名，年代为距今 5000—4000 年。1989 年，中国社会科学院考古研究所与成都市共同进行调查。1995—1996 年，四川大学与成都考古研究所对之进行复查确认并发掘，之后日本早稻田大学参与研究。

宝墩古城遗址是宝墩文化中面积最大的一处遗址，城址平面呈长方形，东北—西南向，方向约 45 度，以东北垣、东南垣北段、西北垣北段保存较为完整，东南垣南段、西北垣南段皆残留一段，西南垣尚存一定高度，西南垣与西北垣的拐角保存较好。根据城垣计算，城址长约 1000 米，宽约 600 米，整个城址面积约 60 万平方米。[1] 宝墩古城为双层城墙结构，其中，2009 年发现的宝墩外城面积达 276 万平方米，是继浙江良渚、山西陶寺、陕西石峁古城之后发现的国内第四大新石器时代城址，也是我国西南地区龙山时代最大的城址，是成都平原史前城址群中时代最早、面积最大的一个。

目前，考古工作者在宝墩古城遗址外围发现了游埂子、狗儿

【1】中日联合考古调查队:《四川新津宝墩遗址 1996 年发掘简报》,《考古》1998 年第 1 期。

墩、碾墩子、石埂子、胡墩子、胡坟园、高地、大埂子等多处长条形土埂。通过解剖发掘，目前已初步确认这些土埂乃是宝墩文化时期的夯土城墙。在内城墙以外四个方向都确认有城墙或壕沟（图 4-36），其中东北边外城与内城城墙重合。外城墙体残存宽度 15—25 米，残存高度约 1.5—4 米不等；墙体外侧壕沟宽 10—15 米左右。从平面形状看，城址大致呈不甚规整的圆角长方形，方向与内城一致，约北偏东 45 度，城墙周长近 6.2 公里。以壕沟外侧边为界，遗址面积约 276 万平方米；以外城墙外侧墙基为界，面积约 268 万平方米； 以外城墙内侧墙基为界，面积约 253 万平方米。外城墙的修筑时间当晚于内城墙，但内外城墙曾同时使用过。[1]

宝墩遗址发掘的大型建筑基址中，房址 F1（图 4-37）和 F3（图 4-38）较有代表性。其中，F1 以长方形主体房屋为中心，南北两侧为附属建筑。整体布局主次分明，相对对称。F1 建筑保存情况不理想，现仅保留有柱坑和局部垫土。主体房屋垫有纯净黄土，南北长约 20 米，东西宽约 10.5 米，面积约 210 平方米。保留有柱坑 28 个，其中东、西侧各 8 个，南、北侧各 5 个，房屋内部 2 个。营筑附属建筑时地面应该经过人工平整。北侧附属建筑南北长约 10.5 米，东西长约 7.5 米，保留有 9 个柱坑，呈三纵三横，南侧附属建筑南北长约 9 米，东西长约 8 米，保留柱坑 5 个。房址 F3 南北长约 24 米，东西宽约 12 米，面积约 300 平方米。保留有柱

【1】成都文物考古研究所：《新津宝墩遗址调查与试掘简报（2009—2010 年）》，《成都考古发现 2009》，北京，科学出版社，2011 年 12 月，第 1 版。

图 4-36 宝墩遗址内城发掘区航拍图[1]

坑 28 个，其中东、西侧各 8 个，南、北侧各 5 个，房屋内部 2 个。

在宝墩古城遗址的外城西南，考古人员发现一夯土台基，残长 20 余米，宽约 6 米，高约 1 米，方向为北偏东 21 度。台基东侧还保留有约 15 米宽、40 米长的活动面。台基面可见 8 个规律排列的柱洞，当为台基礼仪性建筑。除大型建筑基址外，近年还发现了不少灰坑、灰沟、墓葬等遗迹，出土了大量的陶器和石器。陶器纹饰发达，器形均为平底器和圈足器，主要器类有折沿罐、

【1】何锟宇：《宝墩遗址：成都平原史前大型聚落考古新进展》，《中国文化遗产》2015 年第 6 期，第 28 页。

图 4-37 宝墩遗址发掘的房址 F1

图 4-38 宝墩遗址发掘的房址 F3

绳纹花边罐、敞口圈足尊、喇叭口高领罐、宽沿平底尊、宽沿盆和壶等。石器有打制和磨制两种，打制石器多为石片和切割器等，磨制石器多通体磨光，制作精致，以斧、锛和凿为主， 主要作为生产工具使用。[1]

2014 年，考古队还在位于成都温江区红桥村附近的宝墩三期遗址发现了距今 4000 年的水利设施，整个水坝护岸设施长 147 米，上宽 12 米，下宽 14 米，属于夯筑做法，跟宝墩时期城墙的做法较为相似。这项水利设施的发现，为世界文化遗产都江堰水利工程找到了智慧的起源。据介绍，该水利系统的做法与都江堰水利工程在诸多方面有交集，都江堰水利工程是发扬并传承宝墩时期古蜀人智慧的水利设施。早在 4000 多年前，在古蜀国这片河流遍布的土地上，人与水如何相处的智慧在这里已开始形成。

宝墩文化的发现完善了古蜀文明发展演进的脉络：以成都平原史前城址群为代表的宝墩文化（公元前 2700—公元前 1800 年）；以三星堆遗址为代表的三星堆文化（公元前 1800—公元前 1200 年）；以成都金沙遗址为代表的十二桥文化（公元前 1200—公元前 500 年）；以成都商业街船棺、独木棺墓葬为代表的战国青铜文化（公元前 500—公元前 316 年）。此后秦灭巴蜀，辉煌壮美的古蜀文明最后融入汉文化圈，成为中华文明的重要组成部分。[2]

【1】何锟宇：《宝墩遗址：成都平原史前大型聚落考古新进展》，《中国文化遗产》2015 年第 6 期。

【2】《四川宝墩遗址：能否揭开三星堆文明之谜》，《光明日报》2014 年 5 月 5 日，第 9 版。本节重要考古材料由成都市考古研究所提供。

第四节
黄河下游——山东城子崖遗址

城子崖遗址（图 4-39）位于山东省济南市章丘区龙山街道龙山村东北，总面积为 22 万平方米，是一处以龙山文化、岳石文化为主的新石器时代遗址，也是山东境内最早发现的史前城址。以城子崖遗址为代表的龙山文化，上承大汶口文化，下续岳石文化，年代为距今 4500—4000 年。该遗址的面积虽然不太大，但在中国考古学界具有极其重要的地位，是第一个由中国考古学家发现、采用现代考古学方法发掘和出版考古报告的中国古城址。

城子崖遗址于 1928 年被发现；1930 年、1931 年，中央研究院和山东省政府联合组成山东省古迹研究会，先后进行两次发掘，发掘面积 1000 平方米。1990—1993 年，山东省文物考古研究所对遗址进行了全面勘探和重点发掘，发现龙山文化、岳石文化和周代三个时期的城垣。龙山文化城垣的发现，使城子崖遗址的地位和性质得到进一步确立。遗址中还发现房址、水井、灰沟和灰坑等遗迹和大量遗物。[1]

考古学家张学海先生曾对城子崖遗址的考古发现有过精辟概述："城子崖遗址的发掘，是中国国家学术机构、中国考古学者

【1】 王巍主编：《中国考古学大辞典》，上海，上海辞书出版社，2014 年，第 257 页。

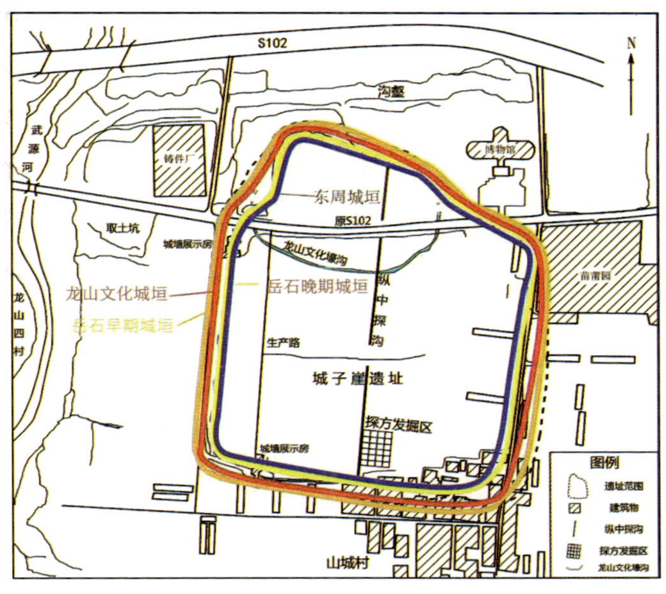

图 4-39 山东城子崖遗址示意图

首次对史前遗址进行有计划、有目的的大规模发掘，也是中国考古学最早的比较科学的发掘，发掘后期运用了考古地层学原理，区分了不同的土色土质，绘制了地层图；把该遗址的文化堆积区分为黑陶文化和灰陶文化两期；发现了黑陶文化期和灰陶文化期两座城址；发现了黑陶文化和灰陶文化的卜骨；1934 年出版了中国考古学的第一部田野考古专刊《城子崖——山东省历城县龙山镇新石器时代遗址》。总之，城子崖遗址的发掘为中国史前考古的发展铺垫了重要的基石，动摇了中国文化西来说，城子崖遗址因此获得‘中国考古圣地’的殊荣。”

20 世纪 90 年代，山东省文物考古研究所考古发现的城子崖遗址实际上包含龙山文化、岳石文化和东周文化三个时代的文化，是相应的三座城址堆积，而不是黑陶文化和灰陶文化两种文化和两座城址。所谓城子崖黑陶文化其实是龙山文化和岳石文化的混合。这澄清了 60 年来关于城子崖遗址时代的争论。

“城子崖遗址的岳石文化堆积总体上比龙山文化丰厚，草创时期的中国考古学还不可能辨别龙山文化和岳石文化，也不可能辨识夯筑技术原始的龙山文化城垣，因而把龙山文化城址当成一般聚落。”张学海先生表示。

已经可以初步判定城子崖聚落是章丘聚落群龙山文化和岳石文化长达 1000 余年的中心聚落，是目前唯一集龙山文化和岳石文化中心聚落于一身的中心聚落。这一发现对研究中国古代城市发展和中华文明起源等问题具有十分重要的意义，由此揭示出来的龙山文化，对于认识和研究中国的新石器时代文化起了巨大的推动作用。城子崖遗址的发掘，为中国史前城址和文明起源问题的研究提供了重要资料。

在张学海先生看来，探索都城必须首先确定中心聚落。目前海岱文化区大多数聚落群体的中心聚落是不明确的，但是城子崖的中心聚落群体比较明确，它在龙山文化、岳石文化时的中心聚落就是城子崖相应的城。在大汶口文化时期的中心聚落是焦家聚落，位于城子崖龙山文化城以北仅 5000 米，其中心聚落地理位置如此稳定，特别是龙山文化、岳石文化可能相延续的情形十分罕见，使城子崖聚落群体的学术价值倍增。

而今，伴随着中华文明探源工程的进行，第三期城子崖遗址发掘正在进行。山东省文物考古研究所副所长孙波介绍说，目前已经对以城子崖为中心的周围 100 平方公里之内进行了全覆盖的考古调查，并进行了遗址的取样采样等工作。研究人员主要摸清先秦时期以城子崖为中心的古代遗址的分布状况，摸清大汶口文化、龙山文化、岳石文化到商的聚落变化的一个趋势。从城子崖遗址本身来说，岳石文化层的规模一点不次于龙山文化层的规模，它的筑城技术远远超过龙山文化层的技术，反映了从龙山文化到岳石文化的过渡是一种上升式的过渡。此外，从龙山文化到岳石文化阶段，城子崖所在地区聚落数量差别远小于桐林遗址、鲁东南沿海等地区，反映了城子崖地区在这个转折时期虽然经历了一些变动，但社会过渡体现了更强的平稳性。[1]

以城子崖遗址为切入点，对海岱地区的史前文化序列进行系统观察，可得出这样一条史前文明发展脉络：海岱地区位于华北平原的东部，属于一个相对独立的地理单元，史前时期先民在此创造了发达的物质文化和精神文化。考古发现表明，史前时期海岱地区文化序列连贯，自成一体。目前在该地区发现最早的新石器时代考古学文化为后李文化（距今约 8400—7700 年），其后依次为北辛文化（距今约 7300—6100 年）、大汶口文化（距今约 6100—4600 年）、龙山文化（距今约 4600—4000 年），再往后则进入历史时期的岳石文化（距今约 4000—3600 年）。[2]

【1】《城子崖遗址为批驳“中华文化西来说”提供力证》，《中国社会科学报》2015 年 4 月 17 日，第 A04 版。

【2】吴伟华：《释卷拂尘觅古幽》，《中国社会科学报》2022 年 8 月 24 日，第 10 版。本节重要考古材料由山东省考古研究院孙波院长提供。

第五节
黄河中游——山西陶寺遗址、陕西石峁遗址、山西兴县碧村遗址

一、山西陶寺遗址

距今 4300—4000 年前，大约为史籍中记载的尧舜禹时期。探源工程的考古工作者发现了与这一时期古史传说中的时间基本同步的遗址——黄河中游地区的山西襄汾陶寺遗址（图 4-40）。这个遗址在今天的山西南部，它的区域和使用时代与古史记载中的尧舜部落的区域与年代大体一致。

图 4-40 山西陶寺遗址区域图

山西襄汾陶寺城址为距今 4300 年到 4100 年间，中原地区已经发现的规模最大、等级最高的都邑遗址（图 4-41），单体建筑基址面积最大者达 8000 平方米。基址附近出土的陶瓦和表面涂有白色和蓝色的刻划墙皮，说明当时的高等级建筑已相当考究。城址的宫殿区周围有围墙围绕，形成中原地区最早的宫城。在陶寺城址早期的大墓中，发现近百件随葬品，其中有表明墓主人尊贵身份的鼍鼓、土鼓、石磬、龙盘，以及能够表明持有者掌握军事权力的玉石钺。在都邑最为兴盛时期的大墓中，六件带有精致漆木柄的玉石钺沿墓壁摆放成一排，还有数量众多的漆木器、玉器，这应是为了彰显统治者军事权威的仪仗用具。

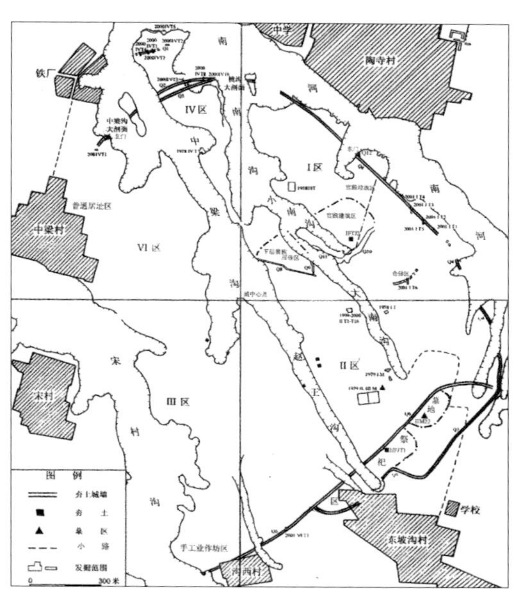

图 4-41 陶寺城址平面图

陶寺城址的规模为，南北 1700 米，东西 1500 米，面积 280 万平方米。它和良渚遗址不同，是在平地起建的。城址内部主要是陆地，并且形成了很多不同功能的分区。如图 4-41 所示，图中的双线是城墙的墙基，遗址现存的地面中还有少量该墙基的保留。城墙为夯土墙，墙宽约 10 米。城址东北角是早期的宫殿区，一般的居民区在它的附近；该区域还有陶寺的早期墓地和中期墓地。显然，这是一个有区域和功能划分的都城性遗址。城址的东边有一座塔儿山，城墙修建于塔儿山的西侧。

探源工程的考古工作者在发掘陶寺遗址的初期即已发现遗址中的墓葬，这些墓葬反映了当时该地区的社会分化。具体而言，发掘的墓葬总共有 1 万座左右。其中，绝大多数为小型墓，墓葬中几乎没有随葬品；仅有的少数几座具有随葬品的小型墓葬皆为青年男性墓，墓中也仅仅随葬有一件武器石钺。墓葬中有一个区域为大型墓和中型墓的集中分布区，与上述小型墓不同，该区域的每个墓葬中有着为数众多的随葬品；尤其是大墓，有几十件甚至上百件随葬品。这些现象反映了当时的社会分化已相当严重。在距今 5000 年至 6000 年我国其他地区遗址的小型墓中，基本都发现了数件陶器等随葬品，但是陶寺遗址的小型墓中却几乎一无所有，而大型墓中物品甚多，证明此时的社会相比之前，分化程度高得多。

要判断一个遗址在当时是不是已进入文明社会，仅仅发现墓葬是不够的，还需要大型城址的发现。因此，探源工程的考古工作者在陶寺地区周围投入大量精力寻找大型城址——其实，在探源工程实施之前，早年也有学者在该地区进行过发掘工作，却没有发现大型城址。探源工程实施以后，经过工作人员长期的努力发掘，终于找到了这样一个陶寺大型城址。我们把该遗址作为探源工程的四个重点遗址之一。

图 4-42 为 20 世纪 70 年代末、80 年代初在陶寺遗址发现的大墓。这张照片反映了陶寺城墙的剖面夯土情况。如上所述，在陶寺遗址发现的其他绝大部分小型墓葬内空无所有，且墓穴大小仅能容身，但这个墓葬却很特别，中间的矩形方框是木棺的遗迹，左侧的随葬品为数十件彩绘陶器，右侧的随葬品为绣着红漆的漆木器，墓葬内还有一些表明墓主身份等级的随葬品。例如图 4-43

图 4-42 约 4300 年前的陶寺遗址早期大墓

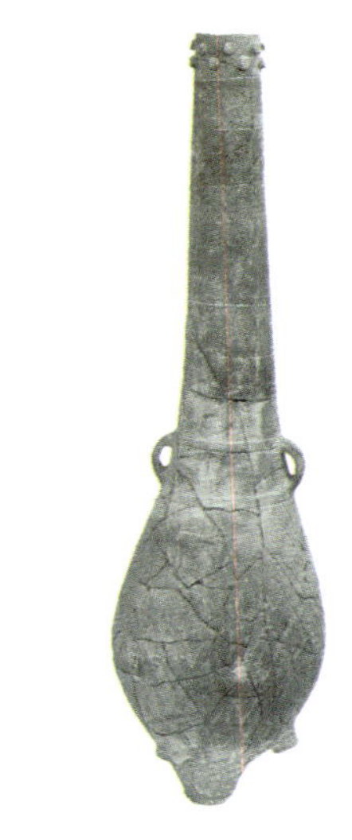

【左】图 4-43 陶寺早期大墓出土的鼓形陶器

【中】图 4-44 陶寺早期大墓出土的石磬

【下左】图 4-45 陶寺早期大墓出土的彩绘陶壶

【下右】图 4-46 陶寺早期大墓出土的玉石钺

图 4-47 陶寺遗址早期大墓出土玉璧、彩绘龙纹盘、玉琮

所示的陶鼓高 1.8—2.0 米，图 4-44 为石磬，图 4-45 为彩绘陶壶，图 4-46 为石钺。我们发现，较陶寺古城稍早或大致同一时期的长江下游良渚文明遗址出土的玉琮、玉璧等祭祀用具在陶寺遗址也有类似发现，例如，陶寺遗址的每个大墓中都有一件龙盘，如图 4-47（上右）所示，龙盘长几十厘米，中间有一条盘龙，长度为 40—50 厘米。诸如此类，这些大墓中都有一整套表明墓主人身份等级的贵重物品随葬。

图 4-48 所示的是陶寺遗址的高等级建筑分布区。图 4-49 中箭头所指的区域为单体面积 8000 平方米的建筑基址，其中心位置有一座主体建筑。如图 4-50 所示，主体建筑的圆形部分都是柱

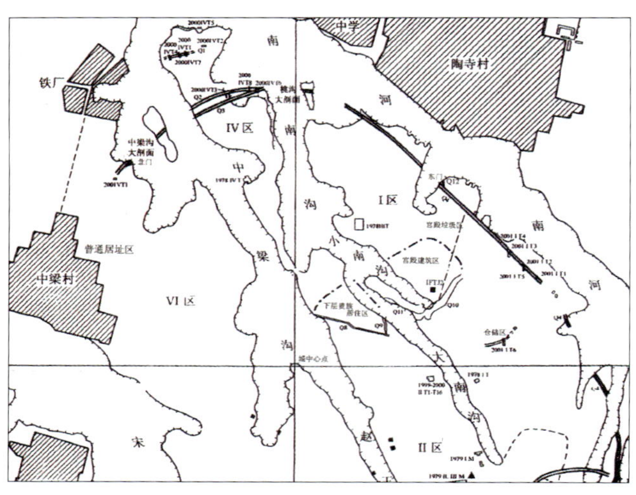

图 4-48 陶寺遗址的宫殿区

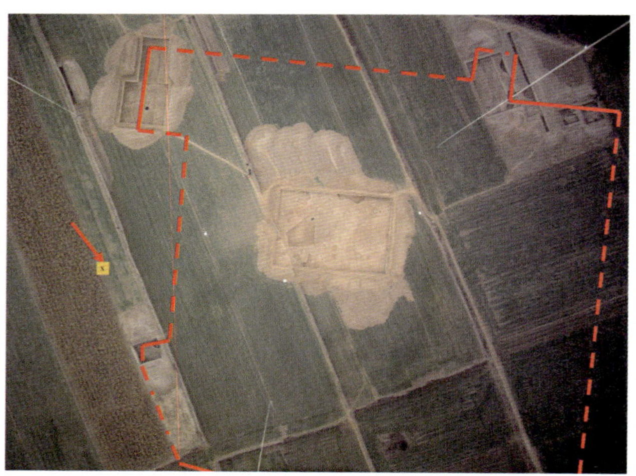

图 4-49 大型台基中部的主殿

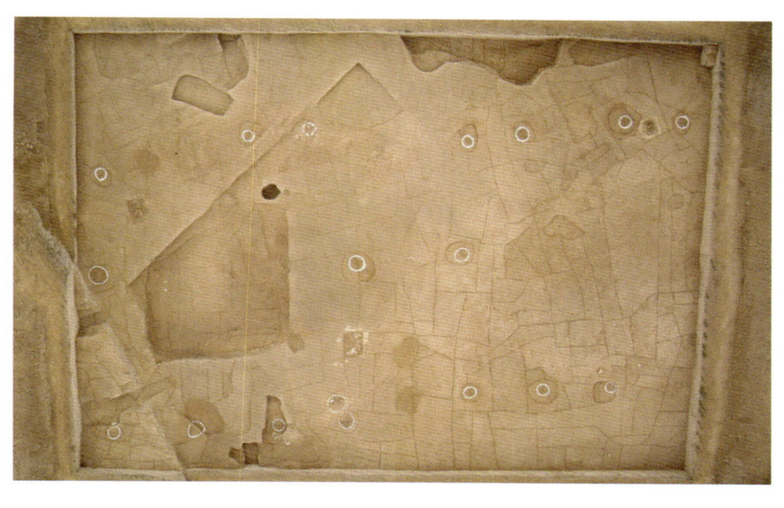

图 4-50 柱坑和柱洞

洞，共有三排柱洞，且有明确的格局区分。在柱洞中，为了支撑上面的柱子，石块（础石）被置于柱子下方，我们将其称为“柱础”（图 4-51）。这种建造方式十分考究，后来甚至发展成整个古代中国流行的建筑形式。主殿内，发现了用于奠基的被杀死的人，还发现了用于奠基的被杀动物，这种杀殉的奠基方式也为后来商周时期的建筑方法所继承。

值得一提的是，探源工程的工作者在陶寺遗址宫殿区的废墟当中发现了迄今为止年代最早的青铜容器残片。这是一个类似盆之类的铜器，图 4-52 显示了其侧面和正面。根据残片情况推测，该物品为直径四五十厘米的盆形铜器。除此铜器外，我们还发现了铜环，以及戴在人手腕上的齿轮形器。另外，陶寺宫殿区废墟

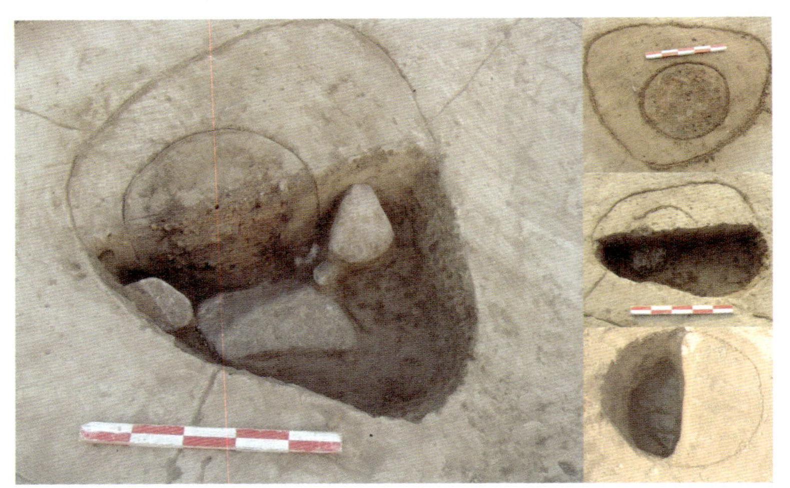

图 4-51 柱洞和础石

图 4-52 宫殿夯土基址出土的青铜容器残片

还出土了中国最早的铜铃。这个铜铃的发现非常重要！因为在制造铜铃之前，必须先制造一个铜铃形状的模型，然后用这个模型来制作内范和外范，形成一个空腔，之后再往空腔里注水，制成铜铃。这种技术亦是后来商周容器制作技术的先驱。陶寺遗址铜铃的发现表明，大致在古史传说中尧的时期，已经具有制作铜容器的技术了。

还有一个令人震惊的发现，就是在陶寺遗址高等级的建筑废墟里出土了多件类似瓦的器物。开始时我们不知道它是什么，后来这种东西的发现数量越来越多，而且都是一面粗糙，另一面有纹饰（图 4-53）。当时我们推测其或许是瓦之类的建筑材料，后

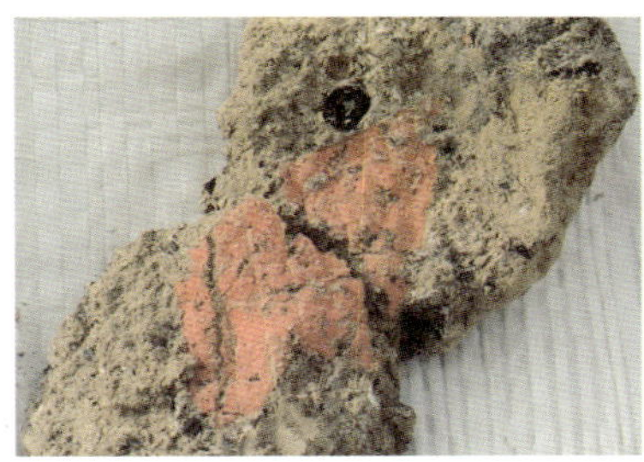

图 4-53 陶寺宫殿废弃区出土的高等级建筑遗物

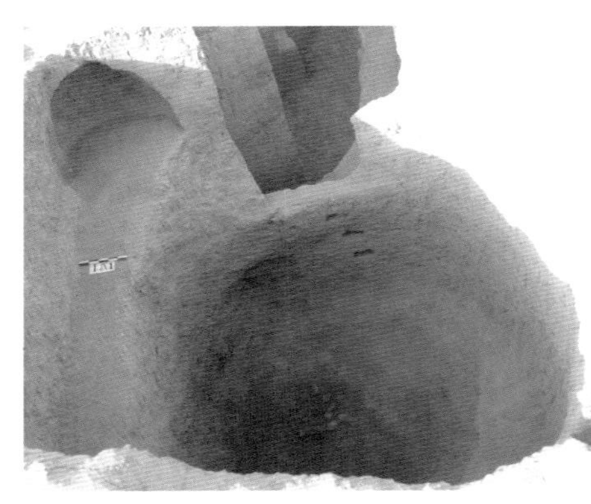

图 4-54 陶寺城址内的仓储区（粮仓）

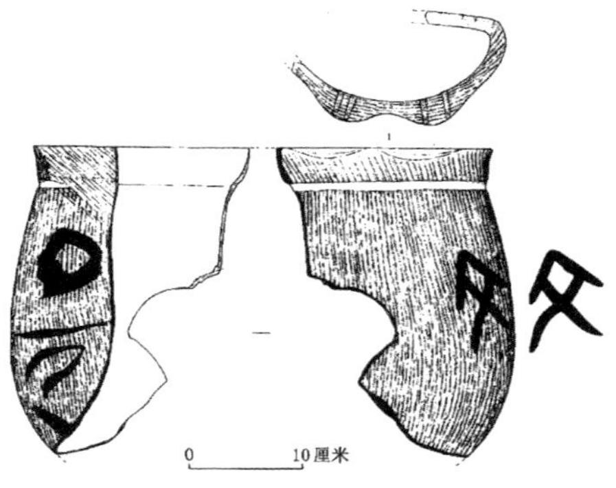

图 4-55 陶寺晚期扁壶朱书文

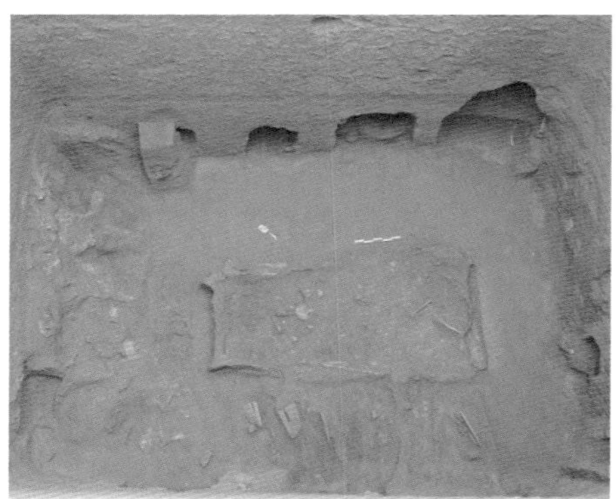

图 4-56 陶寺遗址中期大墓

经检测证实，的确是房屋的瓦片——除了陶寺遗址之外，在陕北其他两个遗址中都发现了这种瓦片——可见当时主体建筑的建造工艺已十分高级。图 4-53 的右上图为高等级建筑残留的刻花墙皮。墙壁经过表面涂白灰，然后在其上刻画花纹，有的甚至刻画了图彩。图 4-53 的下二图显示，这种建筑遗物有涂白灰、涂蓝彩、涂红彩等种种不同的涂绘形式。主体建筑的下方都有很发达的排水管道，排水管道上方则用瓦进行铺垫。在高等级建筑附近，发现了多座直径 5—10 米、深 4—5 米的窖穴（图 4-54），我们认为其很可能是粮仓。由于这些窖穴附近没有一般的房子，而且它们靠近高等级宫殿区，所以我们推测其应该是王权所控制的官营粮仓。

此外，在陶寺城址出土遗物中，发现了两件表面写有红色文字的陶器。这个发现十分令人震惊！如图 4-55 所示，这两件陶器上的文字与后来的甲骨文和金文完全相同！左边陶器上的文字目前有争议，有人认为是“尧”字，有人认为是都邑的“邑”，还有人认为是太阳的“阳”。无论如何，这两件陶器的发现说明当时陶寺城内可能已经有少数人能够掌握文字了！

在陶寺中期，古城面积达到了 280 万平方米。我们发现了这一时期的一座长 5 米、宽 3.7 米的高等级大墓，墓内的随葬品非常多，也非常有价值。这座大墓是同时期全国范围内发现的规模最大的墓葬。如图 4-56 所示，大墓的中间是一个木棺，木棺的左侧由被劈成二十瓣的 10 口猪随葬；猪的身上插有锄刀。大墓的墙壁上挖有很多洞。考古工作者在墙壁上发现了壁龛，比较精美的随葬品都藏在壁龛内。此外，这座墓葬内的尸骨跟早期墓葬的尸骨不同。尸骨有明显被扰乱过的痕迹，人骨、头骨、趾骨分别位于不同的地方，但是随葬的玉器并没有被拿走。我们据此推断，这座墓在埋葬不久即被人捣毁。一系列的考古发现显示，随着陶寺中期大城的废弃，出现了大量的暴力现象，例如大墓被毁、宫殿被毁、多人被屠杀，等等。正是这一系列的暴乱使陶寺城址衰落了。

值得注意的是，在这座墓葬的墙壁上，沿墙放置着六件玉石钺（图 4-57）。每件玉石钺的制作都非常精致。经过仔细观察可知，玉石钺的木柄不是通常的木棍形，而是扁的，甚至还有雕刻、修漆。因此，这样的钺显然不能作为实际作战时使用的武器。这六件钺沿墙摆放成一排，我们推断其应该是彰显大墓主人军事权力的象征，类似后来的仪仗用具，诸如鼓、磬之类跟礼乐制度有关的物品。所以，距今 4000 多年前的陶寺古城很可能开创了后世一整套礼仪制度的先河。

上述陶寺中期大墓还出土了其他一些高等级物品，图 4-58 所

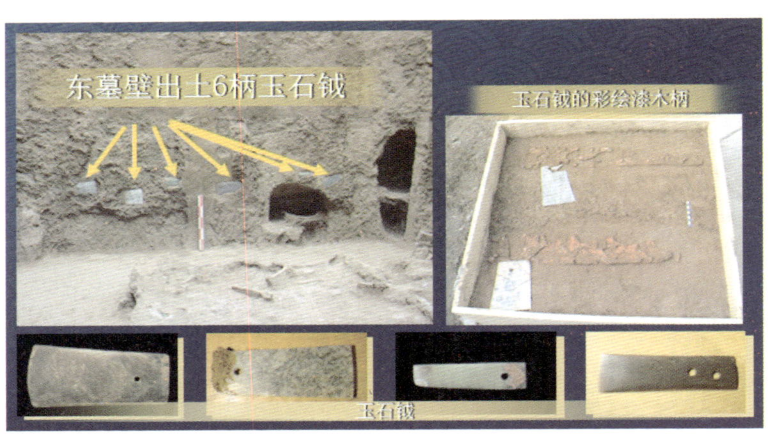

图 4-57 玉石钺

图 4-58 陶寺中型墓出土遗物

示的是中型墓随葬的彩绘陶器、玉器和铜环，此外还有一件武器，其中有些显然来自黄河中游之外的地区。此外，我们发现了一些藏在壁龛里的漆木器（图 4-59）。这些漆木器为什么会藏在壁龛里？我们推测，当时很可能流行着一种毁墓的习俗，墓主为了不让随葬品被毁，所以把它们藏在了墓壁里。这座墓附近的中型墓无一例外皆被毁坏，其随葬品也藏在壁龛里。

陶寺古城的西北角是手工艺作坊区，其中有人工水渠、陶器作坊等。显然，这座古城已经有了明确的功能区分。探源工程的考古工作者对各个城址出土农作物的数量和比例进行了考察、分析，以陶寺城址为例，谷、粟占绝大部分，此外有少量的黍，稻的数量则极少；而在后来的商、周王朝时期，水稻在农作物中所占比例逐渐增加。

上述图 4-58 中的彩绘陶器显然是专门从事手工业的工匠为掌握权力的王所制作的。陶寺遗址墓葬出土的随葬品中，还有各种形式的玉器，如玉环、玉玦等（图 4-60）；此外当时的冶金术也已经达到了相当高的水平。

最后，探源工程的考古工作者还在陶寺遗址发现了令人震惊的观象台（图 4-61、图 4-62）。它位于上述被捣毁的中期大墓旁。

图 4-59 陶寺中期大墓出土的漆木器

图 4-60　陶寺中型墓残余玉器

图 4-61 陶寺遗址发现的观象台

图 4-62 陶寺遗址观象台中的观测点（圆心点）

这是一座半圆形、由外向内逐渐升高的坛状遗迹，遗迹内层的夯筑围墙上特意留出20道缝隙。经过一年的模拟观测以及与天文学家的合作研究，我们基本断定，这些缝隙是用以观测天象的，其根据是：太阳从位于遗址以东的塔儿山上升起，阳光透过墙上的缝隙照射到人工夯筑的圆心点；在一年中的不同时期，阳光会穿过不同的缝隙照射到圆心点从而产生不同的光影变化，以此来确定春分、秋分、夏至、冬至等农时节气。此外，这座观象台与《尚书·尧典》中尧“观象授时”的记载恰相吻合[1]。该观象台与大型墓葬位于同一区域，周围用围墙环绕，形成一个神秘的空间。可见，当时的天象观测应是伴随着庄严、神秘的仪式进行的，也是统治者取得权威的重要途径之一。陶寺城址的年代、所处位置、城址规模和等级等方面都与文献记载的尧所居都城——平阳相吻合。多数历史学家和考古学家认为，它极有可能正是尧都平阳。

图4-63显示的是导致陶寺大城晚期被毁弃的暴动情况。图像显示了宫殿区附近的一个大沟里很多人被屠杀、肢解的情形。我们曾经对这种暴力行为产生的原因进行过分析，认为有两种可能：其一是城内不同的人、不同的集团之间发生了武力冲突；其二是城内的人与外来者发生了军事对抗，之后被打败。图4-63的上图是人头坑、人头骨，中图是一个青年男性胸部中了一个箭头，下图是一个青年女性，下体被插入了牛角，明显是摧残致死。这是

【1】武家璧、陈美东、刘次沅：《陶寺遗址观象台的天文功能与年代》，《中国科学G辑》2008年第9期；李勇：《世界最早的观象台——陶寺观象台及其可能的观测年代》，《自然科学史研究》2010年第3期。

陶寺大城在整体兴盛之后发生的情况，年代大约在距今4000年前，即公元前2000年左右，正是夏王朝成立的前夕。起初我们一直无法探明，如果是外来的军事力量导致了陶寺大城的毁弃，那么

图4-63 陶寺遗址晚期导致大城毁坏的暴动

是哪里来的军事集团能把偌大一座陶寺古城摧毁？最近10年的考古发现或许为我们揭开了谜团——这就是距今4000年前的陕西神木石峁遗址。[1]

二、陕西石峁遗址

石峁古城是一座面积达400万平方米、用石块砌筑的山城，始建年代为距今4100年左右。该城址由外城、内城和皇城构成。皇城位于城内最高处，可以鸟瞰全城。城墙自下而上分数层砌筑，现高10余米，气势恢宏，显示出居住在其内的最高统治者至高无上的尊贵身份。皇城内有面积达数千平方米的大型宫殿建筑、宽阔的广场以及通向城内的高大门楼和道路。

20世纪30年代，美籍德裔汉学家萨尔蒙尼（A. Salmony）从榆林府农民手中收购玉器，据称这批玉器即为石峁遗址出土。萨氏选购的一件最大的玉璋后来由德国科隆远东美术馆收藏。1976年，陕西省考古研究院戴应新先生对石峁遗址展开调查，并征集了一批玉器、陶器，其中127件玉器（现藏陕西历史博物馆）较为引人注目。之后，许多海外博物馆及学术机构收藏的同类玉器，多被追溯至陕西神木石峁遗址。1981年，西安半坡博物馆对石峁遗址进行了调查和试掘，此系石峁遗址的首次科学考古发掘，但许多问题悬而未决。2011年，中华文明探源工程的考古调查首

【1】陶寺遗址的重要考古材料由中国社会科学院考古研究所何驽、高江涛研究员提供。

次确认石峁城址，其总面积逾 400 万平方米。2012 年，探源工程对石峁城址展开专题调查和考古发掘。

近年来，探源工程的考古工作者在砌筑皇城城墙的石块中发现了雕刻着兽面及各种动物形象的石条，有的纹饰与商代青铜器上的饕餮纹十分相似；还发现了高一米、直径数十厘米，雕刻着兽面图案的石柱，同时出土了多件鹰类动物形的陶制品。石峁遗址发现的大墓由于被盗，墓中随葬品荡然无存，但从内城、外城和皇城的宏大规模来看，城内最高统治者的大墓在当时应当有着丰富的随葬品。在石峁城址的一些中型墓葬中，出土了铜齿轮形腕饰等铜制随葬品。

这座依山而建的古城具有强烈的军事色彩，例如，在外城和皇城的城门附近，都发现了用于阻止敌人进攻的防御设施——瓮城；外城城墙外侧还设置了多处突出于城墙的附属设施——马面和位于转角处的角楼等防御设备，显示出强烈的军事特征。石峁城址的考古发现将这些防御设施出现的年代从原先认为的汉代提早到了夏代之前。此外，我们还发现很多玉器被插入皇城、内城和外城城墙的石块缝隙中，反映了当时的人希望借助玉器所具有的神力以阻止外来者入侵。石峁遗址的一系列发现表明，距今 4100 年前后，在夏王朝建立前夕，陕北地区的阶级分化已相当严重，已经出现了掌握强大军事力量的王。此外，在石峁城址存在时期，陕北高原分布着为数众多的石城，规模大小不一，但年代基本相同。我们推测，当时应当存在一个以居住在石峁古城的王为核心的势力集团和早期国家。

石峁古城是一座在山上修建的山城，附近有河流。图 4-64 显

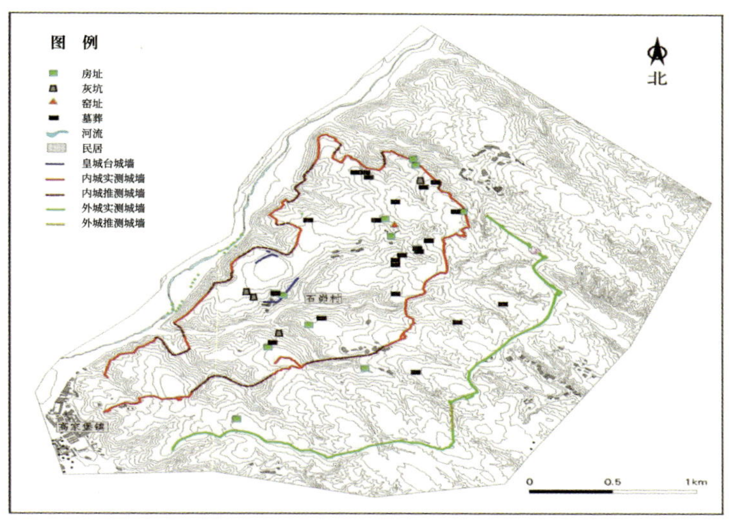

图 4-64 石峁城址城墙分布图

示了石峁城址的城墙范围，绿色为外城，红色为内城，中心有一个高高的皇城台。石峁城址整体上呈现一种三重城墙的格局。皇城台是一座比周围高出 8 米至 10 米的高台，由人工修建。图4-65的上图是石峁城的城墙。可见，这是一座由石头堆砌的石城，下图是它的外城情况，系利用内城东南部墙体，向东南方向再行扩筑的一道弧形石墙，绝大部分墙体为高出地面的石砌城墙。外城城墙的现存长度约 4200 米，宽度为 2.5 米左右，保存最好处高出现今地表亦有 1 米多。外城城内面积约 190 余万平方米。石峁城址的规模非常巨大，总面积为 400 万平方米。外城的东城门制作得相当考究，边长 20 米左右，图 4-66 反映了外城的城门结构。为了防止敌人从城门长驱直入，在城外城内都筑有瓮城。外人必

图 4-65 石峁城址的城墙

图 4-66 石峁城址外城东门址

图 4-67 石峁城的门道

须绕过瓮城才能进入城内。如果是敌人入侵，则可以从多个角度进行射杀、阻击（图 4-67）。这座外城原先被认为是南北朝时期的建筑，经探源工程的考古发现和研究分析，现在被确定为 4000 年前的城墙遗迹。图 4-68 显示了外城东门南北的墩台、道路和城门。城门两侧有门房。耐人寻味的是，城外和城内道路上发现了几个人头坑，中有 24 个青年女性的头骨。目前我们正在对其进行 DNA 检测，以判断这些死者是城内的人，还是从外部的敌对集团俘虏来的人。

上述玉器插在城墙石块当中（图 4-69）的现象非常独特，因为在一般的考古发现中，玉器是被作为随葬品放在墓葬中，此处

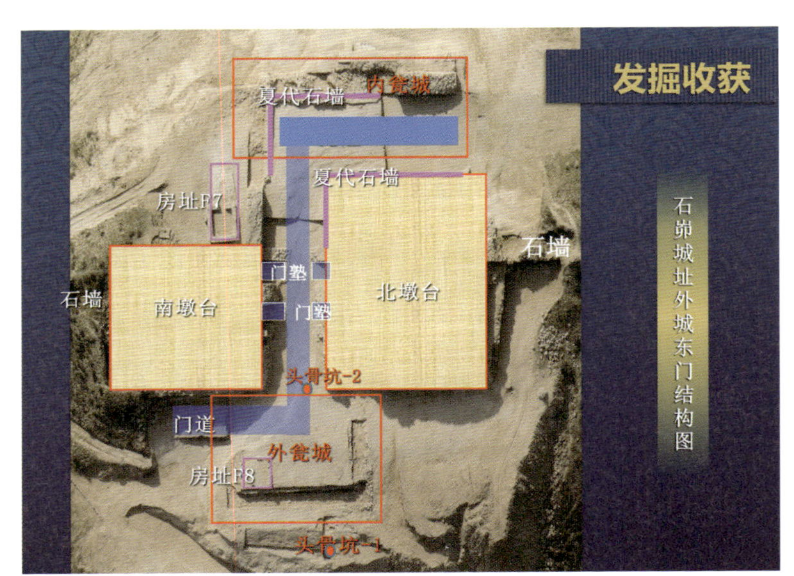

图 4-68 石峁城址外城东门结构图

图 4-69 石峁城城墙中发现的玉器

却被插在了城墙的墙缝中（图 4-70）。城墙上有精美的装饰，其东门址南墩台还出土了不少器物，例如图 4-71 所示，为距今 4100 年到 4000 年左右的陶器。我们认为，正是使用这些陶器的人捣毁了前文所述的陶寺古城。陶寺古城作为都城被废弃之后，在那里生活的人使用了这种陶器。据此推测，当时的陶寺大城应该是发生了一场集团之间的武力对抗，而胜利者正是来自石峁城。

皇城台位于石峁城的最高处（图 4-72）。从远处可以看到，其中心部位有一个高于周围数米的人工堆建的高台，外部有多重石墙沿街修筑。图 4-73 是皇城台的剖面图。其主体建筑是在高台上修建的宫殿，明确显示了王权的地位。皇城台的内部有一个长方形大广场（图 4-74）。皇城台的城墙从下往上逐渐升高，直到最高的高台之上（图 4-75）。城墙共有数层，每一层都有 2 米多高，因此城墙整体非常高，而且修建得十分考究。

图 4-70 插在城墙中的玉器

图 4-71 南墩台出土的陶器

图 4-72 皇城台鸟瞰图

图 4-73 皇城台剖面图

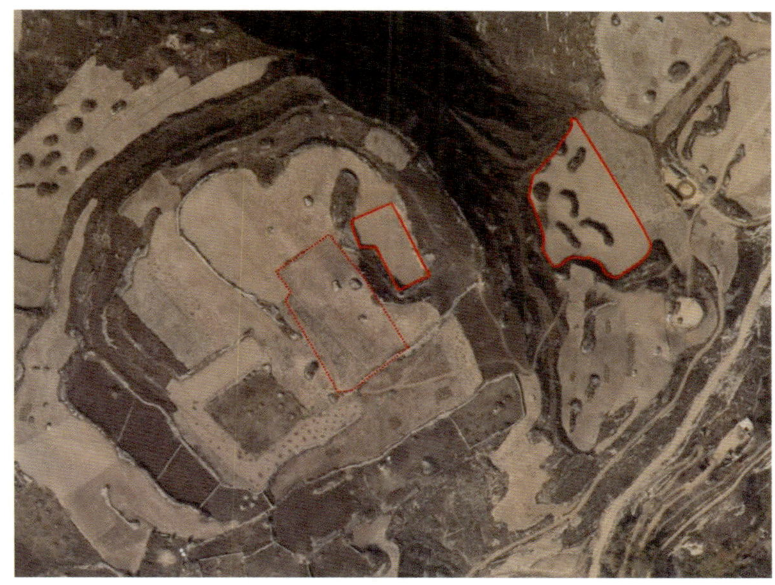

图 4-74 皇城台已知主要遗迹及发掘地点

城墙的建筑材料有很多种，石雕、石块较为常见。其中有一些令人震惊的发现，比如，在城墙墙体的底部发现了图 4-76 所示的图案，一个兽面，两个蝠兽；图 4-77 是其他一些石雕，其中的饕餮纹拓片尤为令人震惊！它们看上去很像商代青铜器的纹饰，中间的大眼睛和嘴以及两侧对称图案的构成都与商代饕餮纹非常相似，但是这些石雕的实际年代是距今约 4000 年，比商代青铜器早了好几百年。“万物有灵”是古代人类社会最为普遍的精神信仰和宗教观念，将以动物或神兽为主体图像的石雕砌筑于大台基护墙墙面上，彰显着建造者和使用者将“有灵之物”的信仰观

图 4-75 皇城台俯拍图

念与大台基有机结合的精神追求和现实意图。对于皇城台大台基的建造者和使用者而言，动物和神兽图案具有交通天地的媒介作用，雕刻动物和神兽图案的石雕是交通天地的重要载体，还可起到驱邪、守护、聚气、保佑的作用。[1]

图 4-78 的上图所示的是一个人用弓箭射杀野兽的图案，下图是另一种石柱，在宫殿的道路两侧竖立着。这种石柱展开后是两个有些区别的图案，图案中的眼睛、鼻子和嘴都很鲜明，让人联想到玛雅文明的图腾柱。这种石柱在中国实属首次发现，至于

【1】孙周勇、邵晶：《石峁遗址皇城台大台基出土石雕研究》，《考古与文物》2022 年第 4 期，第 43 页。

图 4-76 皇城台城墙及其出土的石雕图案

图 4-77 皇城台门址出土的石雕

图 4-78 皇城台出土的石雕图案

其究竟有什么含义，尚有待破解。

在皇城台的东墙遗址还出土了数量不等的陶瓦（图 4-79）。结合陶寺城址出土的瓦片，我们可以发现，当时中原地区的人普遍使用了这种瓦。还有一点颇为引人注意，就是在皇城台遗址中发现了数以万计的骨针（图 4-80），经过勘测，这些都是上万年的骨针，而且从骨头的开料到半成品的磨平，再到劈切成条，然后磨制为成品，整个工序步骤非常清晰。成品、原料、半成品等

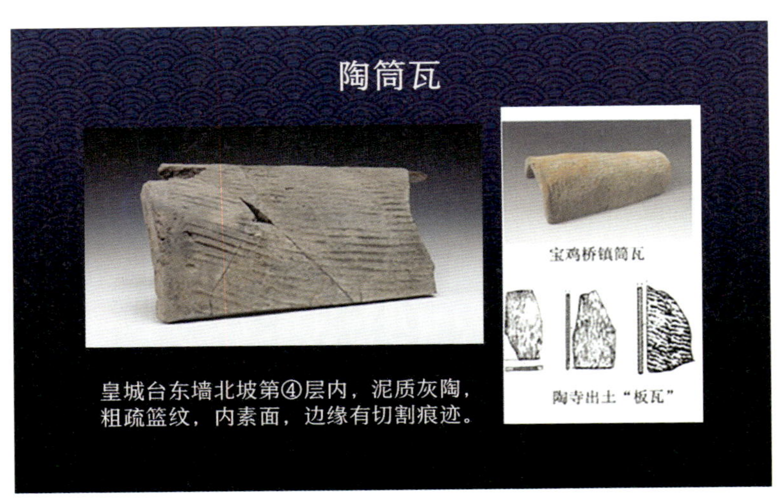

陶筒瓦
宝鸡桥镇筒瓦
陶寺出土“板瓦”
皇城台东墙北坡第④层内，泥质灰陶，
粗疏篮纹，内素面，边缘有切割痕迹。

图 4-79 皇城台出土的陶瓦

的大量出土，表明这些骨针确实是在皇城台制作的。但是，为什么皇城台这一高等级权贵阶层的场所会有这样的手工业制作区，对于我们而言目前仍是一个谜。

图 4-81 为占卜用的卜骨，在皇城台出土了很多，不过我们目前没有在这些卜骨上发现甲骨文。图 4-82 是在皇城台发现的十几件陶鹰。很显然，高台上的某一个部位是这种陶鹰的集中分布区。该处所很可能是一座神庙或者重要的仪式建筑。但饰物为什么是陶鹰，这个问题也有待研究。

图 4-83 反映了当时“藏玉于壁”的习俗。如前文所述，这种习俗在石峁时期非常独特。人们将各种各样的玉器藏于墙壁中，例如牙璋等，在外城、内城和皇城的墙壁上普遍地插放着。这些玉器后来成为夏王朝时期的重要礼仪用具。

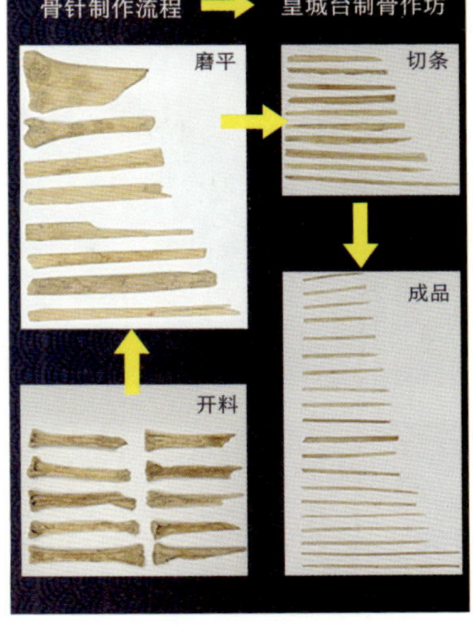

图 4-80 皇城台出土的骨针及其制作流程

图 4-81　皇城台出土的卜骨

图 4-82 皇城台出土的陶鹰

图 4-83 “藏玉于壁”

图 4-84 皇城台的大型墓鸟瞰图

图 4-85 皇城台出土的环状饰物

图 4-84 是皇城台大型墓地的鸟瞰图。可惜墓葬已被盗掘，墓里出土的遗物很少。但是，残存的遗物中有这样一类物品，是套在人手臂上的铜齿轮形腕饰，材质为玉质和石质相结合（图 4-85）。这些东西究竟有什么含义，目前尚未可知。可以肯定的是，这些玉器和青铜器为高等级社会身份的人的随葬品，而且有着特殊的含义。

探源工程在之前发现的石峁遗址 1 号、2 号人头坑之外，又发现了为数众多的人头坑。有迹象表明，这些人头坑似乎都朝着同一个方向，即夏至时日出和日落的方向。

图 4-86 是石峁城址出土的麻质编织物，其年代在公元前 2200 年至公元前 2040 年，大致相当于舜和禹的时期。我们也发现了较此年代稍晚、相当于夏代早期的麻质编织物，以及陶器、鳄鱼骨板等其他遗物（图 4-87）。我们认为，石峁古城应该是夏王

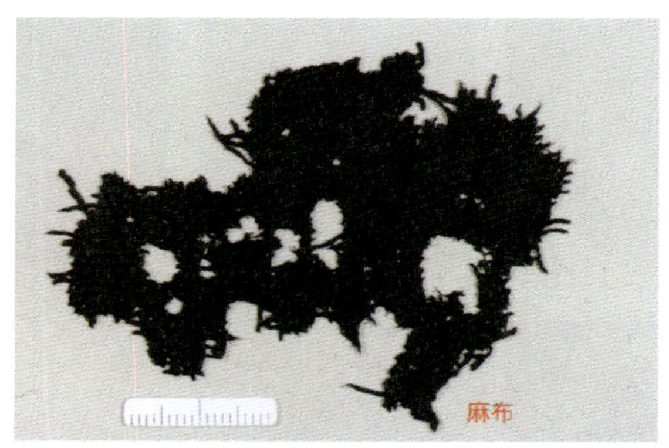

图 4-86 石峁城址出土的麻布

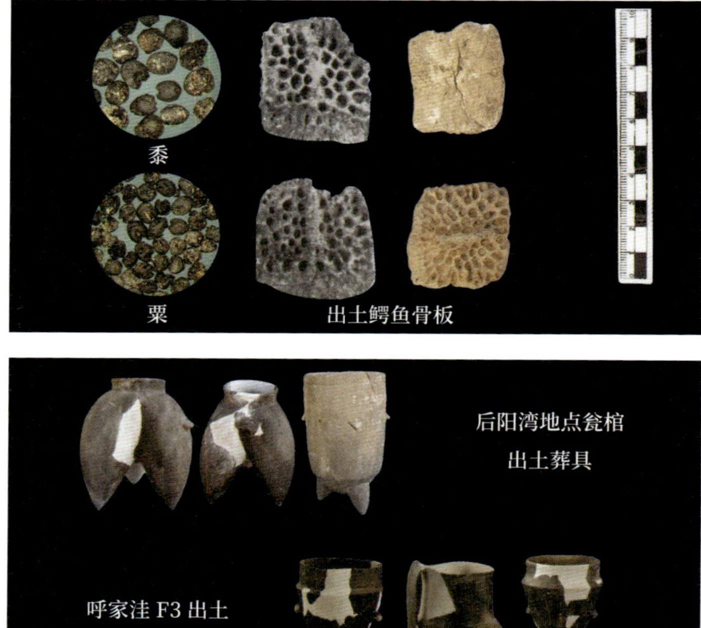

图 4-87 石峁城址其他的发掘收获

朝前夕陕北地区的一个大型军事集团，但是这个军事集团究竟由什么人组成，目前仍然无法断定。根据古史文献的记载，我们或许可以将山西陶寺遗址与尧的集团相对应；但是陕北石峁遗址目前却无法在古史文献的记载中找到相对应的集团。不过，无论如何，陕西神木石峁城遗址为我们提供了夏王朝前期都城的线索。

石峁遗址的考古发现表明，在距今4100年前后的夏王朝建立前夕，在以石峁城址为代表的晋陕高原和河套地区形成了一条与中原地区迥然不同的文明演进道路。从已发掘的山西兴县碧村[1]、内蒙古清水河后城咀[2]等城址来看，这个地区内大型聚落、中型和小型聚落中，都有一个类似石峁皇城台的高级核心区域，只是因聚落不同，其核心区的大小各异。在小型聚落里，或许只是众多窑洞簇拥的一座石砌建筑院落而已。这种情况似乎意味着晋陕高原的石城聚落的建造依据了统一的设计蓝图，呈现出某种模式化的特点。我们可据此推测，石峁古城或许正是当时周边广大地区势力集团和早期国家的核心区域——王的居所。同时，有迹象表明，可能正是石峁集团的南下，导致了陶寺古城的衰落。[3]

【1】山西省考古研究所、兴县文物旅游局：《2015年山西兴县碧村遗址发掘简报》，《考古与文物》2016年第4期；山西省考古研究所、山西大学考古学院、兴县文化和旅游局：《山西兴县碧村遗址小玉梁台地西北部发掘简报》，《考古与文物》2022年第2期。

【2】内蒙古自治区文物考古研究所等：《内蒙古清水河后城咀石城址遗址2020年发掘收获》，《2020中国重要考古发现》，北京，文物出版社，2021年；内蒙古自治区文物考古研究院：《内蒙古清水河后城咀龙山时代石城瓮城发掘述要》，《考古与文物》2022年第2期。

【3】石峁遗址的重要考古材料由陕西省考古研究院孙周勇院长提供。

三、山西兴县碧村遗址

山西兴县碧村遗址（图 4-88）位于山西省吕梁市兴县碧村村北，东距兴县县城 20 公里，西离陕西省神木县石峁遗址 51 公里，地处蔚汾河和黄河交汇处，为山西境内黄河沿岸地区首个确认的龙山时代大型石城聚落，年代为距今 4000 年至 3700 年。

2020 年至 2022 年，经国家文物局批准，山西省考古研究院对碧村遗址持续进行主动性考古发掘。碧村遗址面积约 75 万平方米，历年考古工作初步探明了遗址结构布局，自西向东依次为小玉梁、石门墕、城墙圪垛三处遗址点。

图 4-88 碧村遗址俯拍图

小玉梁地点为碧村遗址核心建筑区，边缘砌筑护坡，中心建造大型五连间排房建筑。排房建筑前面为中央广场。石门墕地点初步发现大型墩台与城墙围合的城防设施遗迹，具体形制尚不清楚。城墙圪垛地点发现了遗址东城墙与城门，城门由东、南、北三个“品”字型布局的大墩台构成。东墩台为半圆形，直径21.5米，南、北墩台均为方形，边长约25米，规模宏大。三座墩台之间穿插一些夹墙、夹道、小型墩台等附属设施围合而成，设置内外多重瓮城结构，进出入口设于东墩台南北两侧，西向经过两道瓮城后方可进入城内。

有学者认为，碧村遗址是河套地区黄河支流河口处发现的最大规模的城址，是蔚汾河流域龙山时代晚期的中心聚落遗址。遗址的东城门保存完整、结构严密、形制规整，显示了河套地区石城遗址一类独特的城门形制。同时，碧村遗址控扼黄河两岸的突出战略位置，城址布局呈现出处处设卡、重重把关的多重防御体系，强烈指向其应是龙山时代黄河岸畔的一座关口城市，掌控着西部与中原之间的关键要道，是揭示晋陕高原龙山时代社会和政治关系的重要支点。[1]

山西碧村遗址入选了“2022年度全国十大考古发现”。[2]

【1】《四项考古新成果揭示史前与夏商城址建制和文化发展脉络》，《中国文物报》2022年9月20日，第2版。

【2】碧村遗址的重要考古材料由山西省考古研究院王晓毅院长提供。

第六节
黄河上游——齐家文化青海乐都柳湾遗址

柳湾遗址位于青海省海东市乐都区高庙镇柳湾村湟水北岸，为新石器时代晚期到青铜时代早期的遗址。20 世纪 70 年代，中国社会科学院考古研究所和青海省考古研究所等对其进行发掘，出土大量彩陶（图 4-89）。反映了当时的社会分化现象。其中，采集到马厂类型浮雕人像彩陶壶，以夸张人体表现在陶器腹壁，有特殊艺术性和原始宗教含义。[1]

青海地处黄河上游，又处于黄土高原向青藏高原的过渡地带，自古以来就是多民族相互交融的地区，因此造就了青海省考古学文化面貌的多样性。以青海海东地区的乐都柳湾、大通上孙家寨、贵南尕马台、民和核桃庄、阳洼、新民、湟中下西河、湟源大华中庄、同德宗日、循化阿哈特拉、苏只苹果园、都兰热水、西宁小桥等遗址的发掘为代表，逐步构建起了海东地区新石器至青铜时代的考古学文化谱系；而海西地区诺木洪、香日德下柴克、巴隆塔温塔里哈遗址的发掘，也使得青藏高原的青铜时代考古学文化谱系及其与海东地区的文化关系初现端倪。

柳湾遗址出土的马家窑彩陶有着深远的史前文化意义。马家

【1】王巍主编：《中国考古学大辞典》，上海，上海辞书出版社，2014 年版，第 264 页。

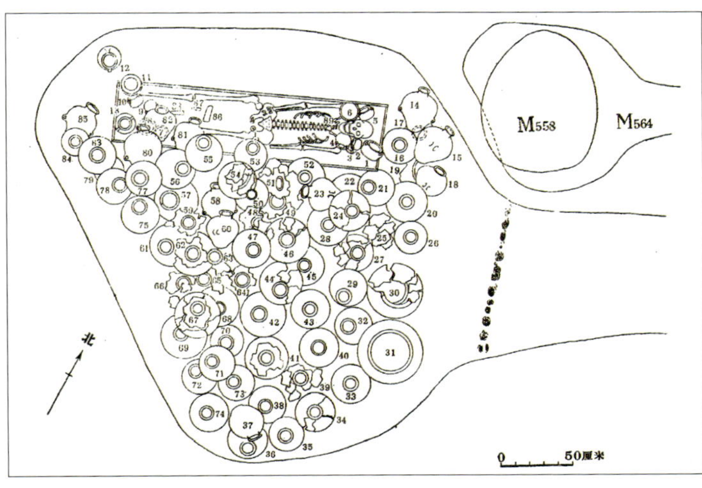

1、6—10、12. 侈口双耳罐 2—5、11、13. 双耳彩陶罐 14—18、20—29、32—64、66—85、90—95. 彩陶壶
19、30、31. 粗陶瓮 65. 陶壶 86. 石斧 87. 石凿 88. 石刀 89. 绿松石饰（图中未表现器物者，皆压在其他器物之下）

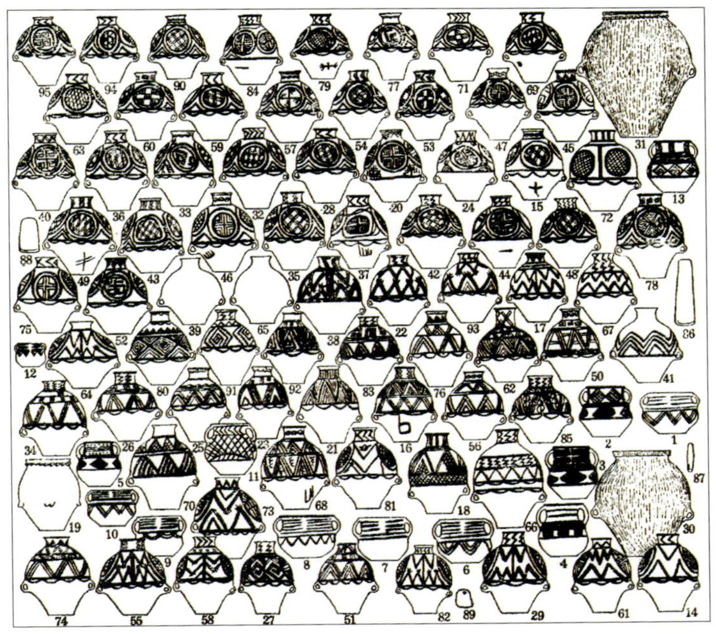

墓 564 器物组合图

图 4-89 马厂类型 M564 墓葬及出土器物图

窑文化彩陶纹饰中，最常见的是旋涡纹，旋涡纹之所以在史前甘青地区流行，与当时的气候条件有关。青海省文物研究所所长李智信认为，原始先民种植旱地农业需要水，因此他们对水的渴望非常强烈，彩陶上的水波纹是“神”字的原型；勾连旋涡纹是“互”字的原型，“互人国”即是上古时期中国西部的两大集团其中之一的“低人国”。此外，勾连旋涡纹还表现了古代“互助互爱”的抽象观念，这可以看作老子思想的起源之一。世界各地最常见的太阳纹，在马家窑文化彩陶上的表现形式就是在一个圆圈周围画出一圈由许多三角纹连成锯齿状的芒刺。锯齿形的芒刺代表着太阳的光芒。殷商时期，在旗帜、鼓架等器物上都使用与太阳纹类似的“崇牙”为装饰纹饰，而锯齿纹常见于半山类型勾连旋涡纹的涡臂，涡臂起着连通两个旋涡的作用，它强调在通气、连通中转化、互生、互换的含义。从这三种蛙纹的演进过程中可以看出，在原始人的观念里，人的生死转换也可以看作人与蛙形象的转化。葫芦纹则由于籽粒多，表现了古人对生育能力的崇拜和对多子多福的向往。此外，从青海的地理环境来看，网格纹所表现的不是原始先民捕鱼的网，而是捕猎或捕人的网，“伏羲作网，以畋以渔”，因此网格纹在这个时期具有辟邪的意义。结合“二人抬物彩陶盆”和“供”的甲骨文写法，“二人抬物彩陶盆”图案表现的或为古人的祭祀仪式，二人所抬物中盛放的应该是水，表现了对神灵纯洁地供养。此外，青海出土的两个舞蹈纹彩陶盆图案中的人物服饰，所表现的则是古人遮羞以及自我意识的觉醒。

青海彩陶文化以其数量居全国之首，文化类型最丰富，延续时间最长，从距今6800—2800年，延续四千余年，陶器器形精美，精品彩陶享誉华夏大地，创造出中国彩陶史上许多“第一”，奠定了青海——这一中华史前文明发祥地之一的“彩陶故乡”地位，为华夏史前文明书写下了浓墨重彩的一笔。[1]

在 2000—2001 年对柳湾遗址的发掘中，最重要的发现为出土铜镞一件，长 3.4 厘米、宽 1.5 厘米，体形扁薄，略起中脊，两翼稍长，铤部带三锋。此外还出土了少量玉片、玉料，石斧、石凿、石刀、石矛、石镞等石器，以及牛、羊、猪、鹿等动物骨骼制成的骨锥、骨针等骨器。出土陶器以生活器为主，器型有：纺轮、陶拍、碗、侈口盆、折沿盆、杯、盏、双大耳罐、粗陶双耳罐、双耳彩陶罐、双耳彩陶盆、单耳罐、三耳罐、侈口罐、带嘴罐、瓮、高领双耳罐、壶、豆、尊及甑、盉、鸮面罐的残片。遗址中的夹砂陶占三分之二以上，彩陶比重较大。多红衣黑彩，有极少量的黑红双彩陶片，器形以双耳彩陶罐（盆）和彩陶壶为主。[2]

【1】《徐徐展开的高原史前文化——柳湾遗址发掘 40 周年暨柳湾彩陶博物馆建馆 10 周年特刊》，《青海日报》2015 年 1 月 16 日，第 11 版。

【2】肖永明：《首次发掘柳湾遗址》，《中国文物报》2001 年 8 月 12 日，第 1 版。本节重要考古材料由中国社会科学院考古研究所提供。

第五章
文明转型 王朝建立

◎ 距今约4000年前，夏王朝建立，昭示着中华文明进入了以中原为中心的新阶段。《尚书·禹贡》中的“九州”基本涵盖了华北、华中和华东地区，表明在夏王朝建立之初，黄河中游势力集团的眼界已经扩展至黄河中下游和长江中下游，形成了范围广泛的天下观。经过了约200年的发展，到了夏代后期，夏王朝的实力不断增强，中原的引领地位逐步形成，影响范围空前广阔。这些可以从河南偃师二里头遗址得到反映。

二里头遗址所在的伊洛河流域是文献记载的夏王朝的中心区域。二里头文化的鼎盛期处在夏代后期至商王朝建立前夕。二里头遗址是同时期规模最大的遗址。二里头文化创造的以玉牙璋为代表的礼器和礼仪制度辐射到周边广大地区，影响范围之广前所未有，二里头文化的一整套青铜与玉礼器，被后来的商王朝全面继承。

商王朝建立前夕，在二里头文化分布的嵩山地区，夏王朝是唯一的强大政治实体，不存在其他具有如此影响力的势力集团。因此，完全有理由认为，二里头极有可能是夏王朝后期的都城。夏王朝的存在不仅在先秦以降的文献中有丰富的记载，同时也得到了考古学的证明。

商王朝继承了夏王朝开创的礼制，政治、经济、文化和社会进一步发展，形成了以甲骨文为代表的成熟文字体系，冶金术和礼制对更为广阔的区域产生影响。甲骨文的记载显示，商王是国家的最高统治者，商王之下有相对完善的行政机构，有以王畿为中心的直接控制区和间接控制的方国。商朝的政治势力与文化影响东到大海，西及陇山，南跨江汉，北至燕山。商系统的青铜礼器在广阔区域出土，表明商王朝在中华文明演进过程中发挥了更强的引领作用，促进了各地文化与社会的发展。

第一节
夏朝建立 广域王权——河南二里头遗址

中华文明探源工程的考古工作者在以河南嵩山东南麓为中心的区域，发现了10余座大型城址。其中，在登封王城岗发现了气势恢宏、大小相套的内外城，该地自战国以来一直被称为“阳城”。在同时期的禹州瓦店遗址，大型夯土台基上发现有人祭、殉牲等多种祭祀遗存。这些或许是夏代前期都城的线索！

古国时代晚期，中原龙山社会在剧烈动荡中完成了一系列重组整合，并在广泛吸收周围文明先进因素的基础上，在距今3800年左右诞生了一个新的文化，即以河南偃师二里头遗址命名的二里头文化。二里头文化分布在豫西晋南地区，与文献中夏人活动的地望吻合，年代落在史传夏纪年范围内。二里头遗址就其规模和复杂程度来看，无疑是其都城。据考古发掘和勘测分析，我们基本推断，二里头遗址为夏代后期的都城遗址！

早在上个世纪，夏鼐先生即已指出，二里头已经不再是初始形态的文明了。越来越多的考古发现还证实，二里头的一些特征产品，如牙璋、玉刀、绿松石镶嵌青铜牌饰、陶封口盉等，对外有广泛传播。这些并非普通生活用品，而是礼仪制度的用器。所以，它们传播至四极八荒，实为中原社会的政治礼仪、制度、思想的播散。二里头文化立足中原，却辐射四方，它不仅再一次改变了中国文明进程的格局，还开启了以中原为主导的、整合其他

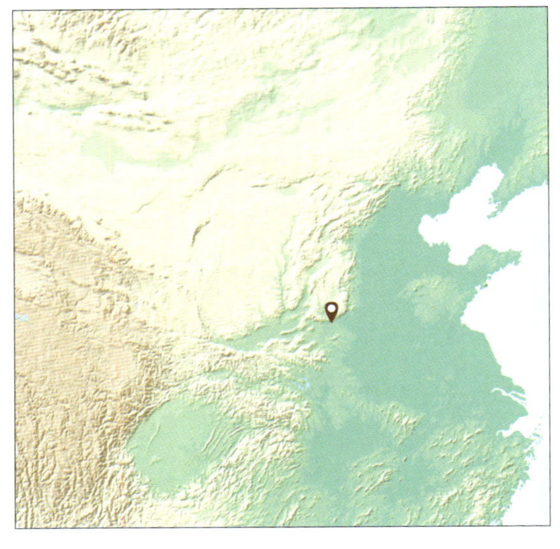

图 5-1 河南二里头遗址方位图

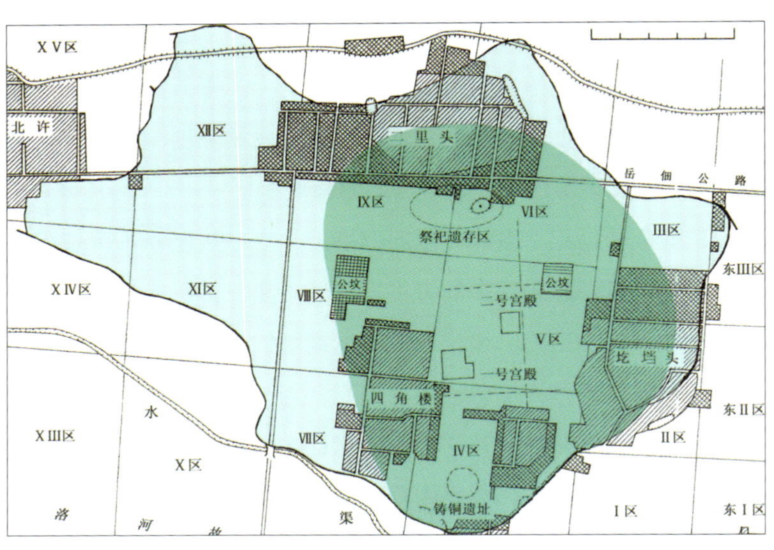

图 5-2 二里头遗址平面图

地方文明的政治和历史进程。中华文明遂进入新的阶段——王朝时代！

二里头遗址位于河南洛阳东郊的偃师县（图 5-1），遗址面积达 300 多万平方米，年代为距今 3800—3500 年，是中国同时期规模最大的都邑性遗址。在遗址中部，有面积 10 万平方米的宫城，是中国历史上最早的“择中立宫”。宫城以南是王权控制的生产铜器和绿松石器等高等级产品的作坊区，出土了最早的爵、斝、盉、鼎等青铜礼器。

二里头遗址最早发现于 1959 年；后来，中华文明探源工程将其作为重点遗址之一。经过 20 年的发掘工作，我们发现了中国最早的宫城——中轴线对称的宫城——如前文所述，中轴线对称的宫殿建筑模式可以追溯到距今 5300 年前的双槐树遗址。在二里头遗址，考古工作者还获得了手工业作坊、青铜容器群等一系列重要发现！

图 5-2 为二里头遗址的平面图。遗址面积为 300 万平方米左右。图中的绿色部分是该遗址的中心区域；中心区域的核心位置则是宫殿区。图 5-3 是 20 世纪 70 年代发现的二里头一号宫殿；图 5-4 是 20 世纪 80 年代发现的二里头二号宫殿。二号宫殿具有中轴线以及左右对称的厢房和前后相连的布局理念，主体建筑位于宫殿的北部正中，开中国古代宫室制度的先河。这一建筑格局亦为前述山西陶寺遗址的高等级建筑采用，最早可追溯到双槐树遗址；夏代之后则被商代及其以后的历代王朝所继承和发展，成为中国古代都城和宫室制度的突出特征。

二里头遗址的宫城区，每个建筑都具有中轴线（图 5-5）。

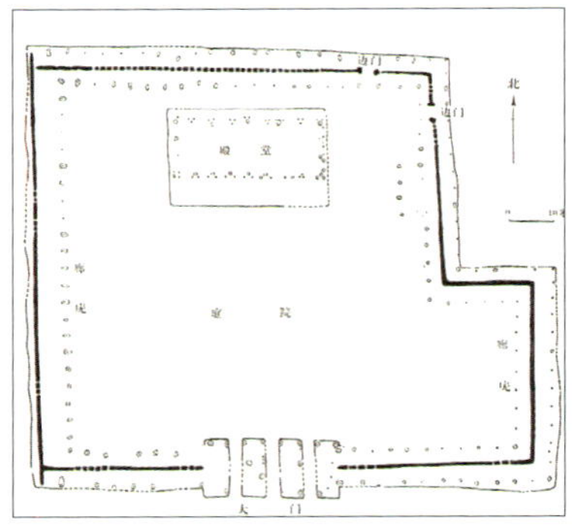

图 5-3 二里头一号宫殿平面图及复原图

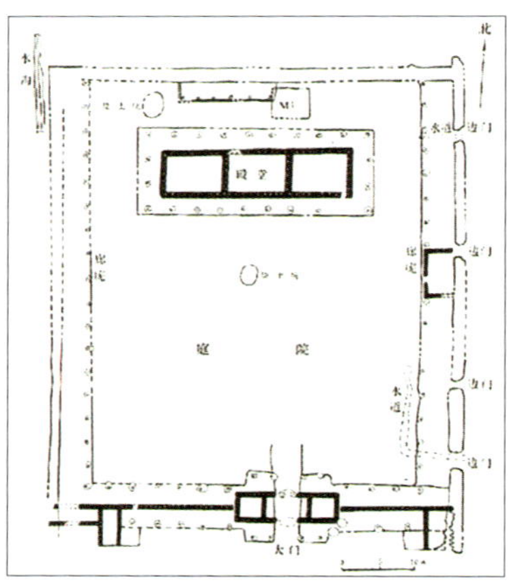

图 5-4 二里头二号宫殿平面图

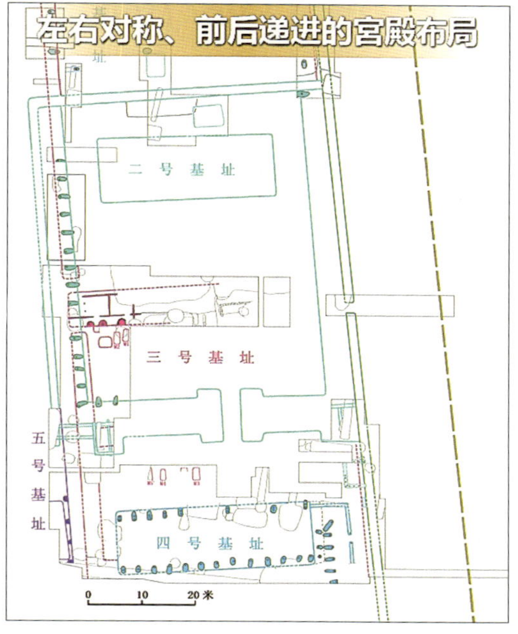

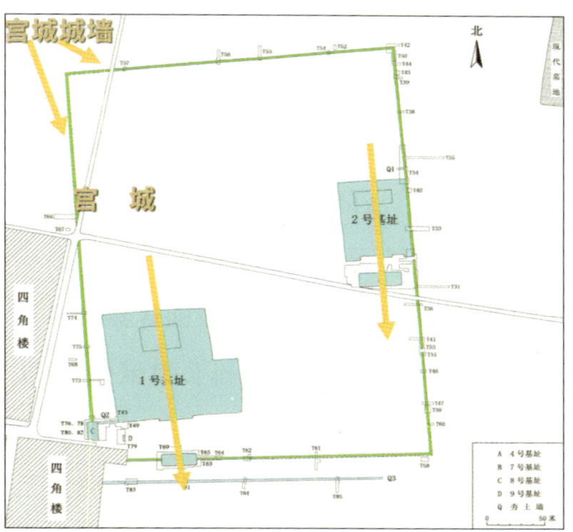

图 5-5 夏代后期宫城及中轴线规划的建筑群

左右对称、前后递进的宫殿布局

我们在宫城区发现了东亚迄今为止最早的车辙遗迹，图 5-6 中的两条深沟即是车轮碾压过的痕迹，两道车辙之间的轨距为 1 米，应当不是马车，与殷墟发现的 2.3—2.4 米轨距的马车不同。我们推测，其或许为牛车或人力车，同时这也充分证明了我国用车的历史可以追溯到夏代。

宫城的周围有围墙环绕。此外，宫城的南边也有一个区域被围墙围绕，不过此处没有发现任何宫殿建筑，只发现有绿松石制作作坊和青铜器制作作坊。显然，此时的高等级手工艺制作已经被王权所控制，这也是目前能够确证的最早的官营手工业作坊（图5-7）。

二里头遗址出土了大量用途各异的青铜容器（图 5-8），例如，有用于温酒的容器、用于饮酒的容器和用于煮肉的容器，还有镶嵌绿松石的青铜牌饰。据此可知，夏王朝发明了一整套青铜礼器群。

还有一点值得注意，二里头遗址也发现了陶寺遗址出土的石磬，但是比后者更加规整。此前的各地兵器，如戈、牙璋等，在这一时期发生大型化、仪仗化的转变，这构成了夏王朝具有代表性的礼器传统（图 5-9）。总体而言，夏王朝的礼器可以分为两类，一类是青铜礼器，一类是玉礼器。

在一座宫殿的院子里发现了一个贵族墓葬，墓主身上随葬着一件长达 64 厘米的用 2000 多片绿松石镶嵌而成的龙形饰（图 5-10），与一个铜铃同时出土，暗示墓主具有非同一般的身份。在这座墓附近，没有发现小型墓葬。据此可推测，二里头文化时期不同等级的人可能被葬于不同的区域。

如上所述，在二里头遗址所代表的夏王朝后期，出现了具有

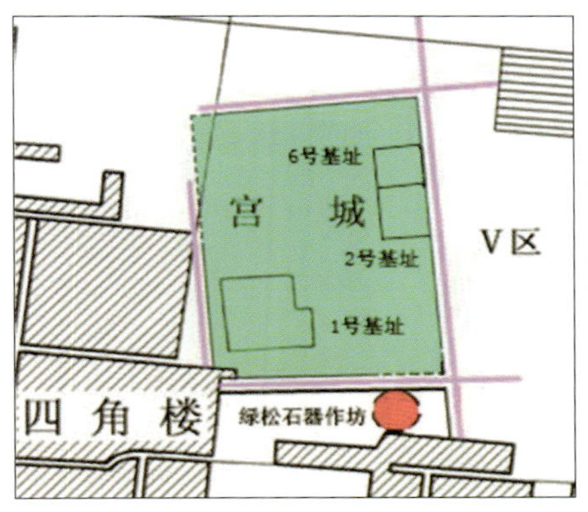

图 5-6 二里头宫城区南侧大路上的车辙

严整规划性的中心性城邑——都城；二里头遗址也是迄今可以确认的最早具有明确规划，且与后世中国古代都城的营建规制一脉相承的都邑。二里头遗址的布局开中国古代都城规划制度的先河，被后来的商、周王朝所继承；此外，在其礼器的制作及形制等方面也形成了较为规范的制度。出现这些情况并非偶然，我们认为，

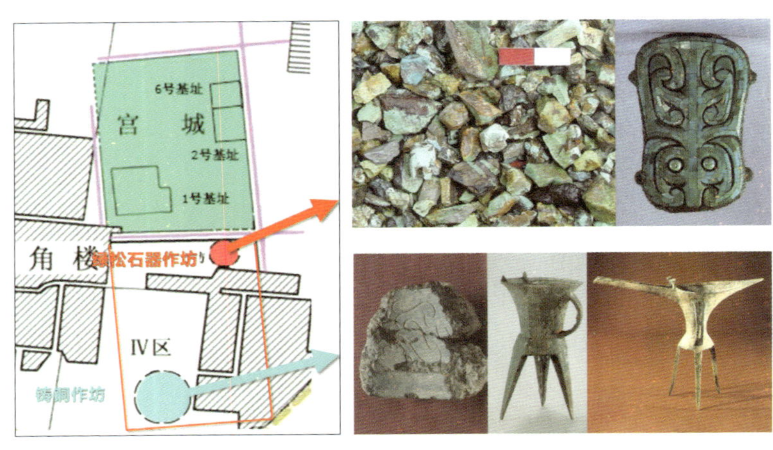

图 5-7 二里头宫殿区发现的手工业作坊

图 5-8 二里头遗址出土的我国最早的青铜礼器群

这应当与当时社会的发展、王权的出现和强化密切相关。因此，以二里头遗址为代表的夏代后期是我国上古历史发展演进过程中的一个重大转型期，中华文明由此前的“古国文明”时期正式迈入之后的“王国文明”时期——以夏王朝、商王朝和周王朝为代表的“王国文明”阶段。

2019 年以来，考古人员开始新一轮发掘，在中心区新发现更

图 5-9 二里头遗址出土的礼器 上排为玉戈、牙璋；
下排为七孔玉刀、石磬和石钺

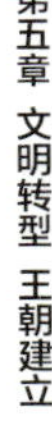

图 5-10 二里头遗址贵族墓出土的绿松石镶嵌龙形饰

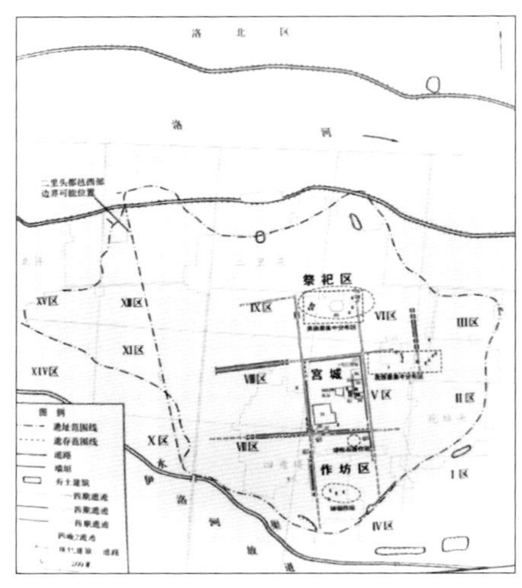

图 5-11 二里头遗址中心区域分布图

多主干道路及其两侧墙垣。“井”字形主干道路网络，把二里头都城划分出多个区域。我们推测，作坊区、宫殿区、祭祀区以西至少各存在一个分区（图 5-11），进一步显示了二里头都城为宫城居中、显贵拱卫、分层规划、分区而居、区外设墙、居葬合一的多网格式布局，显示当时有明确的规划，也暗示了当时有成熟发达的规划思想、统治制度和模式，这是二里头进入王朝国家的最重要标志。这些发现成为二里头都城布局考古中的一项重大突破。[1] 二里头遗址入选“2022 年度全国十大考古发现”。[2]

【1】《2022 年度全国十大考古新发现：聚焦夏商周三代 探寻何以中国》，《光明网》2023 年 3 月 26 日。

【2】本节重要考古材料由中国社会科学院考古研究所提供。

第二节
商朝建立 王国兴盛——河南郑州商城遗址、安阳殷墟遗址

一、河南郑州商城遗址

河南郑州商城遗址为商代早期都城遗址，位于河南省郑州市区东部，1956年被发现；20世纪90年代，又发现“外郭城”。2006年至今，郑州市文物考古研究院对商城外郭城进行了专项发掘、钻探，已经初步探明外郭城形制、基本走向。外郭城大致呈圆形，而内城呈长方形，这种城市形制体现了中国传统文化的“外圆内方”理念。

郑州商城城址总体略呈长方形，周长6960米，东、南两端各长约1700米，西墙长约1870米，北墙长约1690米。四周城墙上发现11处可能与城门有关的缺口。墙体现存最高者约9米，用夯土分层夯筑，底部宽约10.6米，两侧有较宽的护坡。外郭城墙已探明的部分长约3425米，宽12—17米，从东南角一直延伸到西南角。外郭城外有宽40余米的护城河。[1]

郑州商城遗址的面积为25平方公里。在遗址范围内，以宫殿区为中心，周围逐步建造宫城、内城、外城等多道城垣。其中，

【1】王巍主编：《中国考古学大辞典》，上海，上海辞书出版社，2014年，第328页。

内城由总周长约 7 公里的夯土城墙和城壕围合而成。外郭城的城墙则依照地势修建，对内城形成半包之势，与护城壕及东部湖泊内的大面积水域共同构成严密的防御体系。宫殿区位于内城的东北部，东西长约 750 米，南北宽约 500 米。自 1973 年夏开始，考古工作者先后在宫殿区发现数十处宫殿基址，据此可知，当时已形成规模宏大、结构复杂的宫殿建筑群。宫殿区内还营造有规模宏大的蓄水池和完善的供排水系统。

在郑州商城遗址的内城中，有内涵丰富的祭祀遗存，如祭祀场、祭祀坑、人头骨壕沟、牛骨架、猪骨架等，多个地点发现有卜骨遗存。此外还有 3 处青铜器窖藏坑，可能与祭祀活动密切相关。

在内城与外郭城之间，分布着手工业作坊区、平民居住区、墓葬区，包括铸铜作坊、制骨作坊、制陶作坊等在内的多处遗迹，显示出郑州商城发达的手工业水平。已经确认的主要手工业作坊有：南关外铸铜作坊遗址、紫荆山北铸铜作坊遗址、铭功路制陶作坊遗址、紫荆山北制骨作坊遗址等。郑州商城的墓葬则主要分布于内城周围，或内城与外郭城之间，内城里的墓葬较少。

除本地文化因素外，郑州商城遗址内还发现了来自北方、东方、南方的外来文化因素，表明已有大量外来人口汇聚于此。

郑州商城的考古发现填补了殷墟之前商文化的空白。例如，郑州商城出土的杜岭方鼎，是为郑州商城的代表性文物。其中，稍大的一件通高 100 厘米，重达 86.4 公斤，被命名为“杜岭一号”；稍小的则被命名为“杜岭二号”。杜岭方鼎是目前为止发现的保存最为完整的商代早期青铜重器，比殷墟出土的后母戊鼎还要早约 300 年，显示出当时高超的青铜铸造技术，成为殷墟时期青铜文明巅峰的序章。而郑州商城出土的11字习刻字骨，为找寻殷墟甲骨文的渊源提供了重要线索。更重要的是，郑州商城“亳都”的确认，影响了整个夏商考古文化体系及学术框架的构建，成为研究夏商分界的重要界标之一。[1]

2021年5月至2022年8月，郑州商城遗址内城东南部一处商代贵族墓地考古发掘获得重大发现，出土了数量众多的青铜器（图5-12）、玉器、金器以及贝币等重要遗物，并首次发现了商代中期的金覆面。这是郑州商城遗址迄今为止发现随葬品数量最多、种类最丰富、等级最高的贵族墓葬。

经考古发掘，该墓地残存面积约1万平方米。墓地南北两侧发现两条东西走向的壕沟，间距约130米。墓葬主要分布于两条壕沟之间的区域，共发现25座，其中3座墓葬出土青铜器，6座疑似祭祀坑，其余16座推测为陪葬墓，均无棺椁葬具和随葬器物。两条壕沟平行延伸，设有专门进出的通道，其间分布有高等级贵族墓、其他墓葬、祭祀坑等。这种墓地布局方式为研究商代“兆域”的起源提供了新线索。

墓葬区中，中等级贵族墓M2较有代表性（图5-13）。该墓葬的形制结构为长方形土坑墓，开口层下，南北向，墓口东西宽0.9米，南北长2.52米，深度0.35—0.7米。葬式为三人葬，中间男25—30岁，俯身直肢葬；西侧女20—23岁，侧身直肢葬；东侧女未成年，15岁左右，疑侧身跪姿。

经勘测研究，M2为墓葬区的主墓，墓主人为商代中期的高

【1】《在郑州商城遗址“探商寻夏”》，《新华每日电讯》2022年7月29日，第12版。

图 5-12 郑州商城遗址出土的青铜器

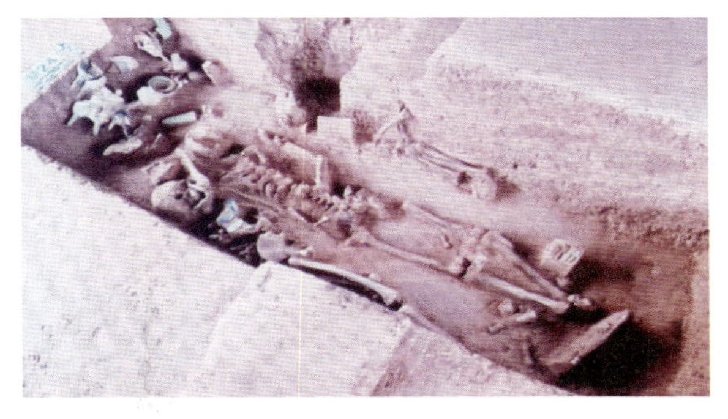

图 5-13 郑州商城遗址东南部墓地 M2 号墓

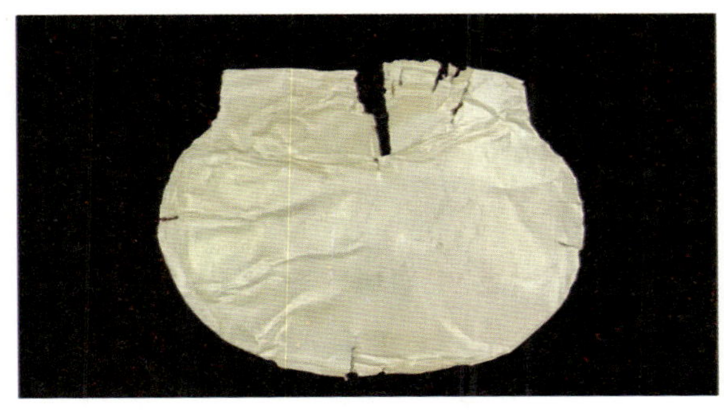

图 5-14 郑州商城遗址东南部墓地 M2 号墓出土的金覆面

等级贵族。M2 墓口长 2.93 米，墓葬中间发现疑似朱砂的红褐色遗迹现象，墓内出土各类器物 200 余件，其中青铜礼器、兵器 20 件，玉器 11 件，金器 5 件，另有贝币、绿松石管珠、镶嵌绿松石的牌饰等，印证了墓主人的高等级贵族身份。

特别值得关注的是郑州商城遗址 M2 号墓发掘出土的金覆面（图 5-14）。跟三星堆出土的金面具不同，此次发现的金覆面是覆盖整张人脸的，这或许反映了三星堆遗址出土的大量青铜人黄金面具和使用黄金制品的现象很可能受到了中原文化的影响。

郑州市文物考古研究院院长顾万发认为，此次墓葬出土的金覆面以及大量用金的现象对于进一步探讨中国西南地区出现的黄金面具、黄金装饰的文化风格等提供了新的参考材料。[1]

二、安阳殷墟遗址

习近平总书记指出："殷墟甲骨文的重大发现在中华文明乃至人类文明发展史上具有划时代的意义。甲骨文是迄今为止中国发现的年代最早的成熟文字系统，是汉字的源头和中华优秀传统文化的根脉，值得倍加珍视、更好传承发展。"

作为甲骨文的发现地，殷墟是我国历史上第一个文献可考、为考古发掘所证实的商代晚期都城遗址，也是中国考古发掘时间最长、次数最多、面积最大的古代都城遗址。在诸多实证中华文明起源、形成、发展的关键遗址中，"殷墟上承四方汇集文明之趋势，下启连续不断、多元一体文明之格局，是中华文明进程中非常重要的环节"。

殷墟考古发掘至今已经 90 多年，陆续发现殷墟宗庙宫殿区、居址区、王陵区、墓葬区、手工业作坊区等重要遗迹，以及与之毗邻的商代中期都城洹北商城，出土了大量甲骨文、青铜器、陶器、玉石器等各类珍贵文物，基本廓清了殷墟的分布范围与结构布局，构建起殷墟文化分期编年体系，为探索早商乃至夏代考古学文化

【1】《最新发现：郑州商城首现"金面罩"，三星堆、金沙金面具或受其影响》，《成都商报·红星新闻》2022 年 9 月 16 日。郑州商城遗址的重要考古材料由河南省博物院提供。2 号墓及出土的金器照片由郑州市文物局顾万发局长提供。

提供了基础。商代都城制度、墓葬制度、祭祀制度、手工业生产体系，以及建筑、水利、精神信仰等各方面研究不断深化，实证了文献记载的商代历史，系统展现了商代社会文化面貌、商代文明发展成就。

2018 年至 2020 年，探源工程的考古工作者对殷墟宫殿区进行了大面积勘探与试掘，目前已确认新发现一处大型池苑遗迹，面积达 6 万平方米以上，最深达 16 米。东侧的宫殿建筑有水沟与之相通，北部则通过水道连通穿城而过的洹河，带来满池活水。另外，在池苑中央，还发现一处“核心岛”；在甲组基址北侧发现东西向长达 105 米的夯土墙，东至洹河西岸，西至池苑，基槽宽 2 米，深 0.5—1.8 米，基槽内发现有黄组刻辞甲骨。

通过对殷墟宫殿区勘探与发掘，特别是池苑与核心岛的发现，我们对宫殿区布局有了全新的认识。同时也说明，对于殷墟宫殿区结构、布局等问题仍需进行持久的工作。

在对商王生前居住的宫殿区发掘重启的同时，从 2021 年下半年开始，考古队也重启了王陵区的考古勘探（图 5-15）。目前，发现并确认了王陵东西两区外围，各环绕一条宽度超过 10 米的围沟，最深达 3.5 米。另外，在密布祭祀坑的王陵东区，又探测出 460 多座新祭祀坑。此次的勘探与发掘未见围沟与殷商墓葬、祭祀坑存在叠压或打破关系，只有几座砖室墓（汉代）打破东围沟的现象。南北向沟的方向与商代建筑的方向一致，北端略偏东。[1]

【1】牛世山：《踏查亘上——2021 年殷墟商王陵及周边考古勘察记》，《大众考古》2022 年第 3 期。

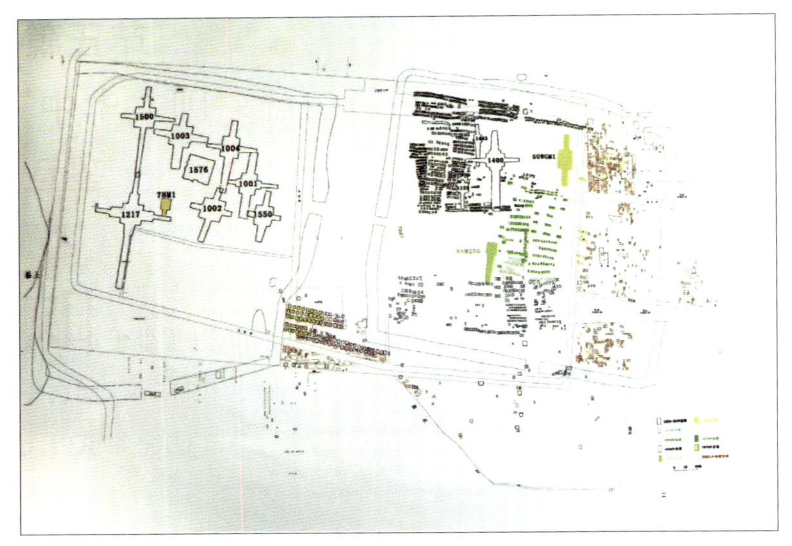

图 5-15 殷墟王陵区划图

两个围沟属于围绕商王陵园的隍壕。以围沟外边界为基准，确定王陵区的范围东西 560 米，南北 300 米。王陵围沟的发现刷新了对商代陵园布局的认知，极大推动了对商代陵园制度的研究。

另外，这些年还有一个重大成果，就是殷墟内部的道路系统不断被揭示出来。殷墟宫殿宗庙区南约 1 公里处，发现两条直通宫殿区的南北向道路，洹河北岸发掘出宽达 15 米的大型道路，道路之上有清晰的车辙碾压痕迹，刘家庄北地道路两侧还曾发现大量祭祀坑。多条道路已初步构成道路网，道路两侧是分布密集的居址、墓葬、手工业作坊等。

道路是古代都城布局的框架，代表城市交通枢纽和都城之内不同功能区的界线。由道路形成的“街区”对探讨殷墟族邑分布及社会形态至关重要，为进一步探索3000多年前商代晚期都城的整体布局、交通网络及功能分区等提供了又一关键材料。

殷墟也是目前所知古代都城内发现铸铜作坊最多、规模最大的遗址。以公众熟知的后母戊大方鼎、青铜牛尊等为代表的大量青铜礼器，表明当时青铜冶铸水平已高度发达。

手工业与技术的研究是从殷墟发掘早期直至当前，学术界一直高度关注的课题。自2015年始，历时8年，考古队员们对位于洹北商城郭城北部的手工业作坊遗址进行了详细的勘探与发掘，调查、勘探面积约50万平方米，发掘约5000平方米，发现了大量与铸铜、制骨、制陶生产相关的遗迹与遗物，作坊区面积不小于8万平方米。大量的生活遗存及成排分布随葬有铸铜工具的墓葬，充分表明作坊区是集生活、生产、墓地等于一体即所谓的“居葬合一”的族邑布局模式。

值得关注的是，独特的“纹饰范嵌范”铸铜技术、“剥片式”取料制骨技术、“熟土区夯筑”陶窑技术充分显示出商代中期手工业创新求变的理念。洹北商城手工业考古发现、发掘极大地填补了商代中期手工业考古的空白，对研究洹北商城都邑布局同样至关重要。

总之，考古让甲骨文中记载的“大邑商”面貌愈发清晰。1928年开始、前后历时十年的殷墟早期发掘，围绕安阳小屯在不同地点共进行了15次发掘。可以说，这是中国对现代西方田野考古学的主动接受和有计划、有组织实施，拉开了中国现代考古学的序幕。

安阳殷墟是在中国境内由中国学术机构发起、中国学者带有

图 5-16　殷墟妇好墓出土的铜尊

明确学术目标主持进行的首项大规模考古发掘，既是中国考古学形成阶段中的重大事件，也是中国夏商周考古学正式诞生的标志。殷墟考古发掘与研究取得了巨大成就，极大地推进了殷商古史重建的历史任务。“周因于殷礼”，对殷墟文化的深入研究，也极大地促进了对其继承者周文化的探索。

此外，殷墟发掘不仅再现了三千多年前殷墟青铜文明的鼎盛面貌，同时培养了一批优秀的考古学人才，形成的优秀学术传统、出台的文物保护法规等也对新中国文物考古事业产生巨大影响，并延续至今。

同样，殷墟对世界考古学史也有深远影响。殷墟早期考古发掘发现了王陵宫殿以及跟甲骨文同时出土的大量青铜器（图 5-16，殷墟妇好墓出土的铜尊），受到全世界的关注，90 多年来，殷墟都是国际考古学界关注的热点。

毋庸置疑，殷墟是中华文明探源的起点和基石。因为殷墟，中国信史上推至商代。更重要的是，以殷墟为支点，建构起夏商考古学文化的时空体系，也为探究更早的文明提供了重要抓手。可以说，系统、全面、细致的中华文明探源离不开殷墟。殷墟被证明是商王朝后期都邑，使之成为中国上古史研究的一个“已知点”。有了这个“已知点”，则商王朝早期、由此上溯的夏王朝，以及知之甚少的史前中国，都可以由此出发来研究。

1931 年，“后岗三叠层”的发现首次用考古学方法回答了仰韶文化、龙山文化和商代文化的相对年代问题，这可视作中华文明探源的早期尝试。郑州商城、二里头遗址、两周城址性质的确认，离不开以殷墟为基点的比对与辨析。同样，周边区域青铜文化，如草原青铜文化、三星堆文化、先周文化、珍珠门文化等性质与年代的判断，以殷墟为坐标和参照，其年代与内涵才能更加清晰。

至于甲骨文，不仅极大丰富了殷商文化的内涵，把中华文明信史向前推进了约 1000 年，由其演化而来的汉文字成为中华文明的载体，连绵不断地传承着中华优秀传统文化，可谓是维持华夏儿女团结一心最强大的文化基因。

中华文明多元一体、兼容并蓄、绵延不断，中华大地不同文明彼此间互相影响、交流、借鉴，青铜器便是力证之一。作为古代东亚地区政治、经济、军事、文化高度发达的殷商文明，对周边区域的青铜文明影响深远，而周边青铜文明也对殷商文明产生重要影响。正是在这个过程中，殷商文明一步步走向了我国青铜文明的高峰。大家熟悉的三星堆文明就与中原殷商文明关系密切。比如，三星堆青铜器上的云纹、夔龙纹等，都是中原青铜器常见的纹饰。同时，殷墟也有来自四面八方的青铜器、陶器、硬陶、原始瓷，以及青铜原料、货币、龟甲等珍稀资源。可见，殷商时期，中华文明“多元一体”的格局就已经得到进一步巩固与强化。

进入新时代，在聚落考古理念引领下，殷墟考古深化多学科、跨学科合作研究，不断取得新突破。辛店遗址、邵家棚遗址、陶家营遗址等多处考古新发现不断揭示出“大邑商”不可比拟的文明高度和强盛国力，让我们在看到“大邑商”地域范围之广，政治组织与社会管理健全有序，防御体系完善有效，生产力水平高度发达的同时，进而探寻中华民族刻入基因血脉的文化自信之根源。

我们相信，殷墟考古研究将在新理念、新方法的指引下，逐步还原更加全面、真实、鲜活的商代文明。[1]

【1】本节内容选自《殷墟：中华文明探源的起点和基石——专访中国社会科学院考古研究所研究员、夏商周研究室主任徐良高》，《人民政协报》2022 年 11 月 22 日。殷墟遗址的重要考古材料由中国社会科学院考古研究所提供。

第三节

王国文明 异彩纷呈——四川三星堆遗址、江西新干遗址

一、四川三星堆遗址

商朝晚期是三星堆遗址以及三星堆文明的繁荣时期，也是通常所说的“沉睡3000年”这个时间标尺的起始点。不过，三星堆文化——尤其是三星堆遗址——又不只包含商朝的短短几百年时间，它延续的时间非常漫长。一般认为，距今4600年前后新石器时代晚期的宝墩文化是以三星堆文化为代表的早期古蜀文明的来源。从距今4600年前后一直到距今2600多年春秋战国时期的晚期蜀文化，三星堆文化延续了2000多年。在这2000多年里，古蜀文明及其前身在这里孕育、诞生、发展、辉煌直到衰落，基本上是一个完整的人类发展过程。

三星堆遗址的分布范围约12平方公里，其中有3.6平方公里的三星堆古城是遗址的核心，也是古蜀国在夏商时期的都城。考古证据显示，三星堆以稻作农业为主，也种植少部分的小米，可能最初的三星堆人来自四川西北地区，通过川西高原慢慢走到成都平原。至于后来的衰落，没有直接证据证明与洪灾、瘟疫或者地震等自然灾害相关，或许主要是由于其自身的原因。因为三星堆是神权统治的国度，神巫集团非常强势，同时也有一些世俗的王公贵族参政，不排除不同势力集团之间的相互倾轧，引发了统

治阶层的内部斗争，最后导致都城从广汉迁到成都附近的金沙。

三星堆遗址的文化面貌涵盖了从宝墩文化、鱼凫三期文化、三星堆文化到十二桥文化，其中遗址繁荣时期的考古学文化为三星堆文化。遗址的聚落结构总共有月亮湾小城 / 仓包包小城、三星堆小城和大城三重城圈。大型建筑区、手工业作坊区主要位于第一重的月亮湾小城内，第二重城圈内主要是一般居住区，第三重城圈目前确认有祭祀区。

三星堆遗址是百年来最为重要的先秦时期遗址之一。作为古蜀国都城，三星堆遗址目前已经发现了城墙、大型建筑、祭祀坑、墓葬等重要遗迹以及金器、铜器、玉器、象牙等珍贵文物。[1]例如已发掘的一号坑和二号坑，两坑器物均分层放置，大多数器物经过有意的焚烧，夹杂在炭屑灰烬里，或发黑、发白、崩裂，或变形、发泡、残卷、部分熔化甚至全部熔化成团，一些器物碎成数块（段）散见在坑的不同位置。其中，二号坑坑口长 5.3 米、宽 2.2—2.3 米，深 1.4—1.68 米，出土铜器、金器、玉器、陶器、石器等共 1300 件器物，另有象牙器残片 4 片，象牙珠 120 颗，虎牙 3 枚，象牙 67 件，海贝约 4600 件。

三星堆文明是一种非常独特、器物丰富，且具有唯一性的文明，主要表现在空前的艺术高度，特别是青铜器造型的独特精美、铸造技术的精湛高超等方面（图 5-17）。这种文明充满人性化因素，在同时期中原地区出土的器物上，主体都不是人，而是装饰物；

【1】中国文物报社、中国考古学会编：《中国百年百大考古发现》，北京，文物出版社，2022 年 11 月，第 182—183 页。

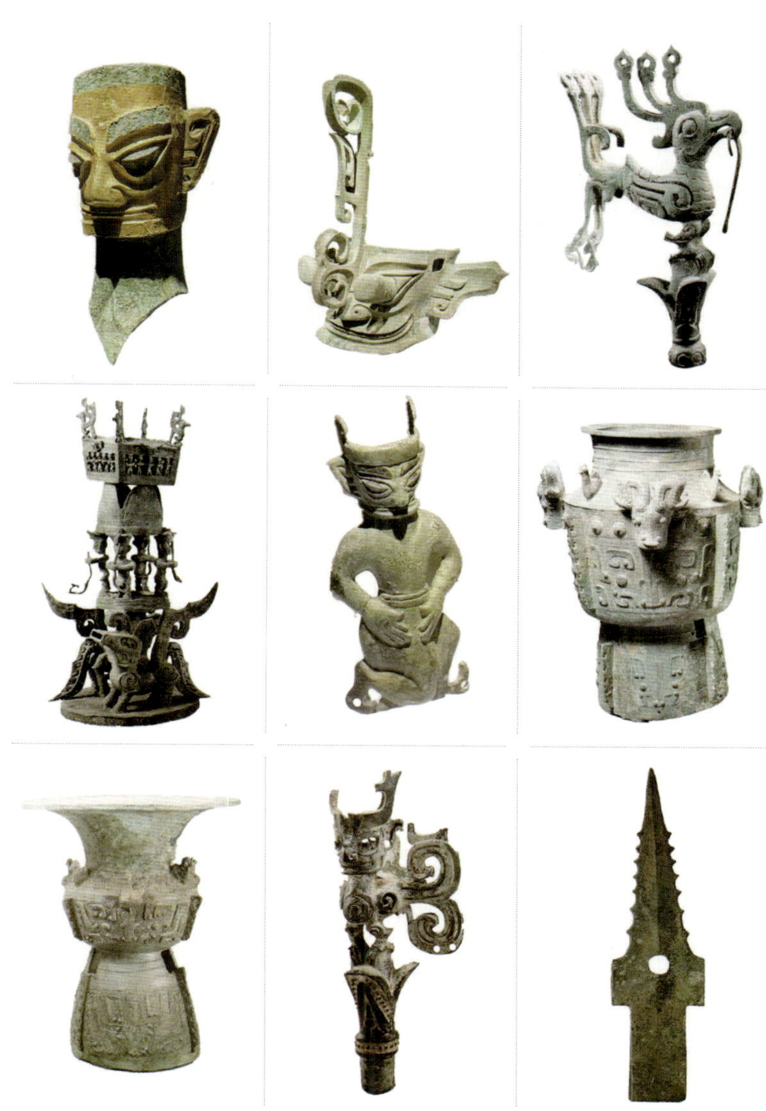

图 5-17 三星堆遗址出土的青铜器物 按从左到右的顺序，第一排为：金面罩铜人头像、铜面具、铜鸟；第二排为：铜神坛、铜跪坐人像、铜罍；第三排为：铜尊、铜人及鸟合体像、铜戈

图 5-18 三星堆青铜大立人

三星堆文明却与此不同，铸造的青铜器以人为主体进行艺术创造，发挥了古蜀国那种独特的浪漫想象力，为 3000 年前的人的样貌及其日常用度、服饰器物等方面提供了线索。例如，三星堆博物馆“镇馆之宝”之一的青铜大立人（图 5-18）。这种以全身人像为题材的青铜制品，只有三星堆以及后来的金沙遗址才有，这也是最能体现古蜀文明特点的一件器物。当时，中原地区的政治统治方式是威权政治、王权政治，古蜀国的政体却与此差异较大，占据主导地位的神权色彩比较浓郁，以宗教来维系国家的运转。因此，青铜大立人很可能正是最高等级的祭司或者巫师的形象。

从 2013 年起，三星堆两次入选中华文明探源工程。三星堆文明是中华上古文明发展前进的动力，在整个中华文明起源的进程当中，发挥了巨大的作用，体现了中华文明开放包容和交流互鉴的重要特征（图 5-19）。曾任“夏商周断代工程”首席科学家的李学勤先生说：“鉴于古蜀文明的独特性，如果没有对古蜀文明的深刻研究，便不能构成中华文明起源的完整图景。”以三星堆

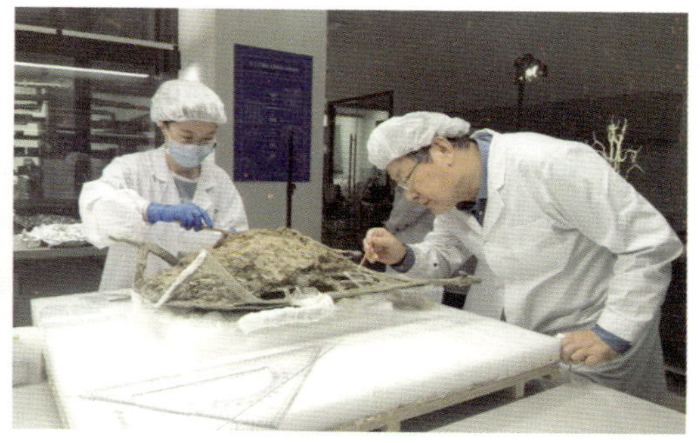

图 5-19 本书作者与三星堆出土遗物

遗址和金沙遗址为代表的古蜀文明可以作为长江上游流域文明的代表。开放性、包容性是三星堆文化一个最突出的特质，最能够体现文明的交流和互动。其主体文化因素是本土的，同时又源源不断地吸收了大量外来文化因素——青铜器铸造技术源自夏商时期的中原地区从二里头到殷墟等核心文明区域；还吸收了长江中游地区石家河文化里的种植水稻、修筑城墙等生产技术；而一些玉琮和锥形器又跟良渚遗址的出土遗物几乎大同小异，可以判断三星堆也受到良渚文化的影响；西北甘青地区的齐家文化对三星堆文化的最终形成也产生了不小的影响。

我们不妨这样理解，三星堆不是一种循规蹈矩的文明，而是有其独特的个性。虽然中原地区、殷商王朝对它影响较大，但它对这些文化并不是全盘接收，而是有选择性地吸收，并进行适当的改制和创新，从而形成了自己的文化特色。

三星堆遗址出土了大量十分珍贵、重要的文明器物。例如，三星堆一、二号祭祀坑共出土青铜戈 61 件，其形制均为十字形，形态十分独特。又如，具有“千里眼、顺风耳”之誉的青铜纵目面具（图 5-20）在三星堆出土的众多青铜面具中，造型最为奇特、宏伟、壮观。该青铜面具高 66 厘米，宽 138 厘米，其形象特征为眉尖上挑，双眼斜长，眼球极度夸张，呈柱状向前纵凸伸出达 16 厘米；双耳向两侧充分展开；短鼻梁，鼻翼呈牛鼻状向上内卷；口阔而深，口缝深长上扬，似微露舌尖，作神秘微笑状。目前，对这尊造像的研究除普遍认为它表现的是蜀族始祖蚕丛外，尚有几种不同意见，或认为它应是兽面具；或认为面具左右伸展的大耳是杜鹃鸟的翅膀，其形象应是古史传说中死后魂化为杜鹃鸟的第四代蜀王杜宇之偶像；或认为它是太阳神形象，等等。四川省文物考古研究院三星堆遗址工作站的学者们认为，这件面具既非

图 5-20 “千里眼、顺风耳”青铜纵目面具

图 5-21 青铜神树

单纯的“人面像”，也不是纯粹的“兽面具”，而是一种人神同形、人神合一的意象造型，巨大的体量、极为夸张的眼与耳都是为了强化其神性。它应是古蜀人的祖先神造像。

此外，三星堆遗址出土的青铜神树（图 5-21）也很特别，高 396 厘米，铜树底座呈穹隆形，其下为圆形座圈，底座由三面弧边三角状镂空虚块面构成，三面间以内抿势的三足相连属，构拟出三山相连的“神山”意象，座上铸饰象征太阳的“⊙”纹与云气纹。树铸于“神山之巅”的正中，卓然挺拔，有直接天宇之势。目前，考古界倾向于认为三星堆神树应是古代传说中扶桑、建木等神树的一种复合型产物，其主要功能之一即为“通天”。神树连接天地，沟通人神，神灵借此降世，巫师借此登天，树间攀援

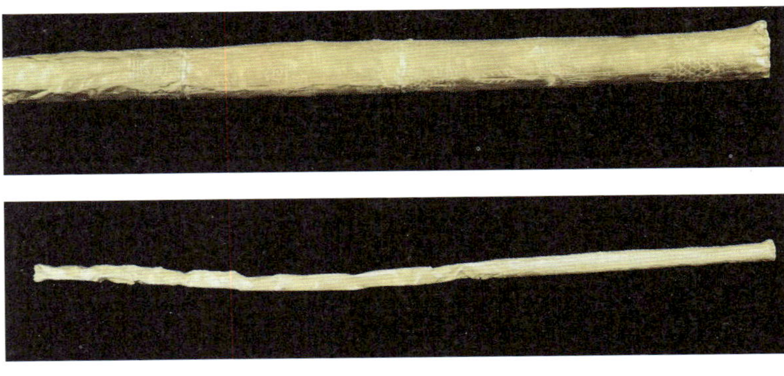

图 5-22 三星堆祭祀坑出土的金杖

之龙，或即巫师之驾乘。三星堆神树是中国宇宙树伟大的实物标本，当可视作上古先民天地不绝、天人感应、人天合一、人神互通之神话意识的形象化写照，是中国宇宙树最具典型意义和代表性的伟大实物标本。

三星堆祭祀坑出土的金杖（图 5-22）是已出土的中国同时期金器中体量最大的一件。金杖系用金条捶打成金皮后，再包卷在木杖上；出土时木杖已炭化，仅存金皮，金皮内还残留有炭化的木渣。在金杖一端，有长约 46 厘米长的一段图案，图案共分三组：靠近端头的一组，合拢看为两个前后对称，头戴五齿巫冠，耳饰三角形耳坠的人头像，笑容可掬；另外两组图案相同，其上下方分别皆是两背相对的鸟与鱼，在鸟的颈部和鱼的头部叠压着一支箭状物。多数学者倾向于认为金杖是古蜀国政教合一体制下的“王者之器”，象征着王权与神权。据古文献记载，中国夏、商、周三代王朝均以“九鼎”作为国家权力的最高象征，而三星堆以杖象征权力，反映出古蜀与中原王朝之间文化内涵的差异，显示出浓厚的神权色彩和地域特色。[1]

三星堆遗址的发现与研究，极大地丰富了古蜀文明的文化内涵，提升了古蜀文明的学术价值。以祭祀坑为代表的遗迹及出土文物，生动展现了古蜀文明的独特性和创造性，实证了古蜀文明是中华文明的重要组成部分，从而丰富了中华文明的整体面貌。三星堆遗址与周边地区的密切交流，尤其是地处传统中原文化圈和半月形地带之间，受到二者共同的影响，亦是统一多民族国家的早期融合过程的见证者。[2]

二、江西新干遗址

江西新干遗址以1989年发掘于江西省新干县赣江古河道沙丘上的新干大墓著称。新干大墓又称“大洋洲商墓”，为吴城文化墓葬。据推断，这是一座带椭圆形封土堆的长方形土坑墓，葬具有一棺一椁。出土铜器475件、玉器754件、陶瓷器139件，另有近千件小型玉器和大量陶片。

新干大墓出土的青铜器包括容器10种48件、乐器2种4件、兵器11种232件、手工工具7种92件和农具11种51件。其中，

【1】本节内容选自《三星堆：独具个性的文明——专访四川省文物考古研究院三星堆遗址工作站站长、三星堆遗址考古发掘队领队雷雨》，《人民政协报》2022年10月24日；《三星堆遗址的一些“国家重宝”》，《人民政协报》2022年10月24日。重要考古材料由四川省考古研究院提供。

【2】中国文物报社、中国考古学会编：《中国百年百大考古发现》，北京，文物出版社，2022年11月，第183页。

较有代表性的青铜器为双面神人头像和立鸟双尾虎。双面神人头像器高 53 厘米，为双面人像，中空，头顶正中有一直立圆管，两侧有一对外下卷的长角，双目为一对圆孔，双耳尖长，张口露齿，下有两颗卷曲的獠牙。人像下有一方銎，当为插口。立鸟双尾虎器高 25.5 厘米，为卧虎形。虎张口，立耳，粗颈，四足前屈，身后双尾下垂后上卷。虎腹中空，腹底不相连。虎背上立有一只小鸟。虎头、身及四肢遍饰阴刻的鳞纹、云雷纹和卷云纹。[1]

新干大墓的发现，无疑证明了长江以南的江西地区在距今 3000 多年前已有较为发达的青铜文明，这打破了历史学界和考古学界一直以来普遍认为的商周时期中原地区拥有高度发达的青铜文明之时，南方地区尚属荒蛮之地的观点。中国社会科学院考古研究所副所长施劲松说：“原来以为的文明中心只有一个点，就在中原地区。而新干大墓的发现，显示了在中原地区之外，还存在具有自身特色的、地域性的青铜文化，改变了青铜时代整个文化格局的一种认识。”

在新干大墓出土的青铜器中，10 件青铜器的鼎耳上有 20 只虎，9 件青铜鼎上 27 只扁足采用虎形（图 5-23）。这些虎让人们联想到“虎方国”。“虎方”是商代存于南方的一个方国，是殷商之外的地方政权。根据考古实物和古史文献记载，有专家提出赣鄱地区为虎方国的控制范围，其都城就在新干的牛城。考古专家李伯谦、彭适凡、唐际根等肯定了“虎方说”。牛头城址考古项目

【1】王巍主编：《中国考古学大辞典》，上海，上海辞书出版社，2014 年版，第 410 页。

图 5-23 新干大墓出土的立耳上有卧虎的方鼎

发掘领队、江西省文物考古研究院研究馆员周广明更是认为，“虎方”在新干区域，而且很有可能是从湖北盘龙城遗址那里的一支迁徙过来的。

新干大墓出土遗物的规格及其显示的墓葬等级都非常高，同时表明其文化已相当发达，社会似已进入一个较为高级的文明阶段。[1]

【1】《新干商代大墓：一洲青铜改写历史》，《江西日报》2021 年 12 月 24 日，第 13 版。

第六章
“中华文明探源工程”的主要成果

◎ 经过20年艰苦卓绝的考古发掘和科学研究工作，中华文明探源工程取得了举世瞩目的辉煌成果。探源工程的研究人员根据20年来考古发现的诸大遗址、遗迹、遗物以及对其所作的系统、详尽的勘测、研究、探索，提出了“文明定义”的中国方案：

探源研究坚持历史唯物主义观点，提出：文明是人类文化和社会发展的高级阶段。这一阶段在生产力发展的基础上，出现了社会分工和社会分化，形成了阶级、王权和国家。

探源研究认为，“文明起源”与“文明形成”既有联系又有区别，两者是文明社会孕育和产生的不同阶段，先有文明因素“量的积累”，后有文明社会“质的变化”。具体而言，“文明起源”是指史前时期生产力取得较大发展，物质和精神生活逐渐丰富，社会开始出现脑力劳动与体力劳动的分工、贵贱与贫富的分化，文明因素开始孕育。

“文明形成”是指物质、精神和制度文化都取得了显著进步的阶段。社会分化加剧，形成了阶级；社会等级制度化，人们的社会行为规范化，形成了礼制；出现了集军事指挥权与宗教祭祀权于一身的最高统治者——王，以及强制性的、以社会管理为主要职能的公共权力——国家。国家的出现是文明形成的标志。

文明起源研究是人类历史研究中极为重要的课题。中华文明是四大原生文明之一，也是其中唯一未曾中断、延续至今的文明。中华文明究竟有多长的历史？中华五千年文明究竟是历史真实，还是只是传说或神话？文明起源、形成与发展经历了怎样的过程？导致这一过程的背景、原因、内在机制是什么？这些问题不仅是中国历史研究至关重要的课题，也是涉及续写中华文明家谱的重要工作，对于每个中国人、每位炎黄子孙来说，都是十分关心的问题。由于这一课题牵扯的内容非常复杂，涉及的方面很多，需要有科学的世界观和方法论为指导。马克思主义就是我们研究文明起源最有力的思想武器。

探源工程二十年的实践证明：马克思主义确实是人类智慧的结晶，是指导我们从事研究的法宝，也是中国哲学社会科学须臾不可或缺的指南。运用马克思主义的立场观点和方法去解决实际研究中遇到的问题，就会得到科学的、经得起检验的认识。正如习近平总书记所指出的，工程取得的成果还是初步的和阶段性的，还有许多历史之谜等待破解，还有许多重大问题需要通过实证和研究达成共识。这是对于我国考古工作者的鼓舞与鞭策。我们将继续为此奋斗，努力建设中国特色、中国风格、中国气派的考古学，更好认识源远流长、博大精深的中华文明，为弘扬中华优秀传统文化、增强文化自信提供坚强支撑。[1]

【1】王巍：《坚持以马克思主义指导中华文明探源研究》，《光明日报》2022年6月6日，第14版。

第一节
“中华文明探源工程”提出判断进入文明社会的新标准

国内外学术界曾经以“三要素”——冶金术、文字和城市作为进入文明社会的标准。依据这个标准，中华文明只能从发现甲骨文的商代晚期开始，只有3300年的历史。在中国史学界，往往根据史书中关于“禹传子，家天下”的记载，认为中华文明应当以开启了世袭制度的夏王朝为肇始。中华文明探源工程实施期间，我们对世界几大原生文明的情况进行了分析，发现这些原生文明并非都符合“三要素”，如中美洲的玛雅文明没有冶金术，南美洲的印加文明并未使用文字，印度河流域哈拉帕文明的图章并没有被学术界认可为文字。追溯“三要素”的由来，我们发现“三要素”是从两河流域文明和古埃及文明的特征中概括出来的，并不是“放之四海而皆准”的标准。基于这样的认识，探源工程从实际材料出发，主要基于良渚、陶寺、石峁、石家河、二里头等都邑遗址的考古发现，结合其他中心性遗址的考古成果，并参考了世界其他古代文明的情况，经过深入、详尽的探究，提出进入文明社会标准的中国方案！

我国学术界有马克思主义为指导，有历史文献和古史传说为参考，更重要的是，百年考古获得的极为丰富的考古材料揭示出中华文明有深厚的历史和文化积淀，有独特的发展道路，我国学术界理应提出相应的文明标准。根据马克思主义文明观关于“国家是文明社会的概括”的观点，探源研究提出进入文明社会的新标准：

一、生产发展，人口增加，出现城市；

二、社会分工，阶层分化，出现阶级；

三、出现王权和国家。

在距今五千多年前后，中国各区域的农业发展，人口增加，区域中心逐步发展为规模宏大的都邑。制作玉器、绿松石器、精致陶器、漆器等具有高技术含量的手工业专业化，并为权贵阶层控制。各地区都出现了脱离劳动、专门管理社会事务的阶层，社会出现严重的贫富贵贱分化，形成了不同的阶级，出现了掌握军事与宗教权力的王，及由王控制、依靠社会规范和暴力进行管理的政体——早期国家。都邑内有王居住的宫殿等高级建筑、埋葬王和权贵阶层的高等级墓葬，彰显权贵阶层身份的礼器和礼制。出现了奴役现象，一部分人为贵族殉葬或被用于宫殿奠基。

中国考古学的这些发现，足以证明中国进入文明社会的物化形态有自身的特点。这些物化形态所体现的社会生产力发展水平，可以证明当时的剩余劳动能够供养公共权力机关，使一部分人脱离生产专门从事管理和精神信仰方面的事务。

若对上述三条判断进入文明社会的标准进行具体论述，亦可将其展开为，在没有文字发现的情况下，**辨识进入文明社会的八条关键特征：**

1. 史前农业取得显著发展

在一些地区，农业生产工具较之于此前有明显的改进，出现了新的工具种类，导致生产效率提高。例如，长江下游的良渚文化中比较普遍地使用了犁耕，并发明了多种稻田中使用的生产工具。从比良渚文化更早的河姆渡文化时期的水田可以看出，当时的水田规模很大，灌溉系统比较完备，早已超过了小水田的阶段（图 6-1）。北方的粟作农业和南方的稻作农业在经过了五千多年的发展之后，可以想象，除了生产工具之外，在生产技术方面也积累了较为丰富的经验。不能一味地根据农业生产工具没有发生重大进步，从而否认在距今五千多年前农业取得的发展。例如，不能因为各地发现的汉代铁制生产工具在种类和形制方面都与近代同类农具没有显著区别，就据此得出在汉代至今的两千多年间农业生产技术方面没有很大进步的结论。因为农业的发展，除了生产工具之外，还有良种的培育、施肥、中耕，等等，各个环节取得的进步都会促进农业的发展。

图 6-1 河姆渡文化时期的炭化稻米

2. 手工业技术取得显著进步，部分具有较高技术含量的手工业专业化，并被权贵阶层所掌控

在农业发展的基础上，史前文明的手工业也取得了显著进步。在黄河下游地区，大汶口和龙山文化时期的陶器制作技术工艺高超；龙山文化时期的蛋壳陶乌黑发亮，最薄的器壁只有 0.3 毫米；良渚文化的玉琮、玉璧的制作工艺技术十分精湛，如在反山墓地等级最高、被认为极有可能是良渚“王墓”的反山 12 号墓，出土了形体最大、制作最精致的“玉琮王”，其表面有人兽合体的“神徽”图案——在 1 毫米的宽度内有五条刻线——其工艺的精湛可见一斑！这些制作精致的手工业制品说明当时高技术含量的手工业确实出现了专业化。这些精美的手工业制品多数成为彰显持有者身份的礼器。所以，有理由推测，这些高端器物的制作已经被权贵阶层所掌控。

3. 人口显著集中，形成了早期城市

农业的发展促使人口繁衍，在一些文化和社会发展较快的地区，聚落数量显著增加，并出现人口非自然原因的集中。在一些区域文明的中心地区，出现了作为政治、经济、文化中心的都邑，其特征是：聚落规模巨大，面积达数十万乃至百万平方米。聚落内有明确的功能分区，例如有宫殿区、手工业作坊区、墓葬区、一般居民区等。前述的良渚、陶寺、石家河、石峁、二里头都是如此。

4. 社会贫富、贵贱分化日益严重，形成了掌握社会财富和权

力的贵族阶层

具体而言，即是社会分化严重，出现了少部分人对多数人的统治，形成了具有某些高技术含量或资源稀缺的贵重器物——礼器，以及用以体现持有者尊贵身份的初期礼制。至于礼器的种类，则因地而异。在长江下游的良渚文明中，贵族墓葬中可能随葬具有祭祀功能的玉琮、玉璧、三叉形器和表明掌握军事权力的象征物——玉钺。良渚城址的反山 12 号墓内，随葬有多件玉石钺和一件制作精致、带有短柄的权杖。在陶寺遗址的大墓中，随葬有陶鼓、木鼓、石磬、龙盘、玉石钺等彰显墓主人尊贵身份的礼器（图 6-2）。在黄河下游地区龙山文化的高等级墓葬中，出土了大量制作精美的陶制酒器和玉石钺以及多重木质的棺椁。

图 6-2 陶寺遗址出土的玉礼器

5. 形成了金字塔式的社会结构，出现了踞于金字塔顶尖，集军事指挥权、社会管理权和宗教祭祀权力于一身的王

为了彰显权威，当时社会的最高统治者——王——动员大量劳动力兴建巨型都邑以及供王和高级权贵们居住的大型高等级建筑（宫殿）。良渚、陶寺、石峁遗址莫不如此。进入夏王朝以后，二里头遗址“多宫格”围垣布局中的道路和墙垣，把二里头都城分为多个方正、规整的网格区域，在其中多个网格内发现有不同等级的建筑和墓葬，每个网格应属不同的人群，表明二里头都邑极可能已出现了分区而居、区外设墙、居葬合一的布局。[1]这样严格、清晰、规整的规划布局显示了当时的社会结构层次明显、等级有序，统治格局秩序井然，暗示当时有成熟发达的统治制度和模式，是二里头进入王朝国家的最重要标志。

6. 血缘关系仍然保留，并与地缘关系相结合，发挥着维系社会的重要作用

当时的人聚族而居、聚族而葬，形成族邑。在都邑和一些中心性城邑，形成了血缘关系与地缘关系结合而成的城市。王及其亲族仍然与社会大众保持着名义上的亲缘关系，但实际上已经成为社会的主宰。他们的墓葬位于公共墓地的一隅，单独成为一个

【1】中国社会科学院考古研究所：《二里头（1999—2006）》，北京，文物出版社，2014年；中国社会科学院考古研究所二里头工作队：《河南偃师市二里头遗址宫殿区5号基址发掘简报》，《考古》2020年第1期；赵海涛：《二里头都邑聚落形态新识》，《考古》2020年第8期；中国社会科学院考古研究所二里头工作队：《河南偃师二里头遗址中心区2019～2020年发掘收获》，《2020中国重要考古发现》。

墓区。如陶寺遗址早期大墓即位于由上万座墓葬构成的公共墓地中的一个区域，该区域由几座大型墓和几十座中型墓构成，不见小型墓。到了陶寺城址兴盛时期，大型墓脱离了公共墓地而位于南城墙附近用围墙围绕的一个单独的区域，附近有数座中型墓，应是大墓墓主人的亲族。单独构成王族墓地的还有良渚古城，在古城的内城内外，发现有反山、瑶山、汇观山等几个高等级贵族墓地，说明良渚的王及其亲族的墓葬已经脱离了公共墓地而被单独埋葬。

7. 暴力与战争成为常见的社会现象

暴力与战争现象可分为两个方面：其一，非正常死亡的现象。进入文明阶段以后，各地都出现了暴力导致非正常死亡的现象。江苏昆山赵陵山遗址发现良渚时期罕见的有人殉的墓葬。赵陵山是一座人工堆筑的台状土山，东西长 110 米，南北宽 80 米，呈椭圆形，占地 1 万平方米，高出四周约 9 米，周围有古河道环绕。20 世纪 90 年代前半期曾进行了三次考古发掘，发现以良渚文化为主的墓葬 94 座。[1] 按墓主贫富贵贱分区埋葬，并有规模较大的集中杀殉现象，被殉者中有半数被砍掉下肢或双脚，这在良渚文化遗址乃至夏王朝之前全国范围内所罕见。石峁遗址的大型墓葬中在墓主身侧往往有殉人。还有些遗址发现有人被埋在大型建筑的基础中作为奠基。山西陶寺遗址宫城中的大型夯土建筑基址

【1】南京博物院：《赵陵山——1990 ~ 1995 年度发掘报告》，北京，文物出版社，2012 年。

图 6-3 陶寺遗址发现的建筑基础内奠基人骨架

的基础内就发现人骨和动物骨骼（图 6-3）。石峁遗址外城东门址曾发现多座人头坑，个别人头坑内埋有女性人头骨。这种奠基、杀殉习俗一直延续至晚商时期。[1] 在殷墟的大型墓葬和建筑内，都有作为牺牲的人群。

其二，战争频发。自距今 5500 年左右开始，各地的墓葬出现随葬武器——石钺的现象。陶寺遗址的一些青年男性的墓葬中，常可见到随葬一件石钺。此外，这一时期的墓葬中石镞和骨镞的数量明显增加，且镞的体量增大，杀伤力增强。[2] 在各地这一时

【1】刘绪：《谈一个与早期文明相关的问题》，《中国历史文物》2009 年第 4 期。
【2】赵辉：《中国北方的史前石镞》，《国学研究》第 4 卷，北京，北京大学出版社，1997 年。

期的高等级墓葬中，往往随葬制作精致且没有使用痕迹的玉石钺，可以认为是彰显墓主人掌握了军事指挥权。随着战争的频发和规模逐渐扩大，掌握军事权力的首领的地位不断提高。他们手中的军事指挥权发展成为主宰日常社会生活的王权。

8. 形成了王权管理的区域性政体和服从于王的官僚管理机构

各个区域文明都有一个比较稳定的区域。这一区域中的人们存在共同的生活习俗和共同的文化基因，也许还存在共同的原始宗教信仰。这一区域内的不同小区域存在较为密切的亲缘关系，并以该区域最高等级的聚落——王的都邑为中心，形成一个政治、经济、文化的社会网络。虽然官僚管理机构不容易在没有文字资料的考古发现中得到证实，但进入文明社会的各个区域无一例外需要有官吏作为维持王的统治的保证。良渚古城和大型水利工程的设计和兴建、陶寺和石峁古城的兴建和维持社会生活的运营等，仅仅依靠王是绝对做不到的。这些都离不开为王服务的官僚机构。

上述判断进入文明社会的标准和特征也适合其他原生文明。不同文明虽然在物质文明和精神文明方面各有特色，但在出现王权和国家这一制度文明方面是共同的，只是各地彰显王权的方式和国家形态各不相同。在中国，王权的彰显方式常体现为精美的玉礼器（图 6-4）、青铜礼器、规模巨大的土木宫殿、模仿地上建筑的墓葬等；在两河流域和古埃及，则用黄金、宝石、宏伟的石砌神庙、金字塔和大型墓室来表现王权。

综上所述，我们提出的从考古发现中辨识文明产生的标志，是依据马克思主义的文明观，即“国家是文明社会的概括”的观点，

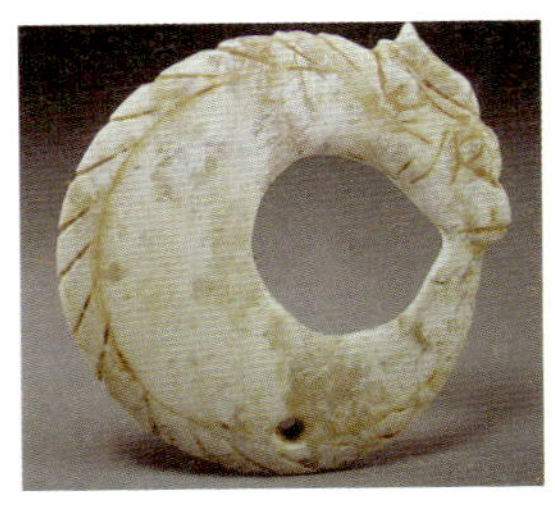

图 6-4 龙山文化、石家河文化、凌家滩文化出土的玉龙（从左至右）

认为国家的出现是文明产生最根本的标志。国家的出现除了具有当时的文字资料可以证明的情况之外，很多是需要通过考古发现的遗存去辨识的。国家出现的最大特征之一是出现了国王——王权的产生；而王权的产生会在考古发现中留下痕迹。这就是作为国家政治经济文化中心的都城、作为王居住和处理政务的场所——宫殿，王和其他高级贵族的墓葬——大墓，以及表明权贵阶级尊贵身份的标志——礼器和礼制，等等。这些标志既适用于中国，也符合其他古代文明的情况，是探源工程取得的最重要的成果。

第二节

“中华文明探源工程”实证中华五千年文明的起源、形成与发展过程

中华文明探源工程就中华文明的起源、形成与早期发展过程，以及相关的背景和原因，得出了以下认识：距今万年奠基，八千年起步，六千年加速，五千多年进入（文明社会），四千三百年转型，四千年王朝建立，三千年王权巩固，两千两百年统一多民族国家形成。

1. 万年奠基

在距今 1.1 万年前后，全球气候变暖，促使东亚和西亚的农业产生。距今 1 万年前，华北驯化了粟和黍，长江中下游地区开始种植稻（图 6-5）。浙江浦江上山遗址出土了栽培稻和陶器、石器。华北和长江中下游的先民们开始磨制石器和制作陶器。农业的产生使各地出现了小型的定居村落，为文明的产生奠定了基础。

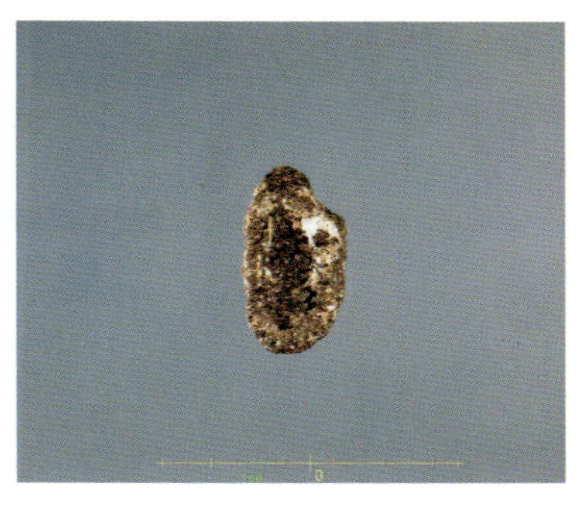

图 6-5 上山遗址出土的 1 万年前的栽培稻

2. 八千年起步

距今 8000—6000 年为全球范围的气候大暖期。古环境研究表明，当时黄河流域的气候类似现今的长江流域，长江流域的气候类似今日的华南。因气候温暖湿润，稻作农业向北传播到了淮河下游地区，粟作农业在黄河中下游及燕山南北得到普及。遗址中出土的石铲和骨铲，表明刀耕火种已发展为耜耕农业。这个时期的农业促使人口增长、村落增加、手工业发展和社会进步。淮河上游河南舞阳贾湖遗址的先民种植水稻、饲养家猪、酿酒、制作绿松石器，还发明了可以演奏乐曲的七孔骨笛（图 6-6）。在一些墓葬出土的龟甲上，有与甲骨文相似的方块刻画符号。在内蒙古赤峰兴隆洼遗址，少数墓葬出土了制作精致的玉耳环和玉吊坠，表明人们已掌握了琢玉技术。浙江跨湖桥遗址出土了长达八米的独木舟，说明当时的人们已经具有一定的近海航行能力。湖南高庙文化制作精美的白陶上有刻画的神像和神鸟，反映出当时人们的精神世界。

在贾湖、兴隆洼等遗址，出现极少数规模较大、随葬玉器或绿松石器的墓葬，说明社会已经出现分化，开启了文明起源的进

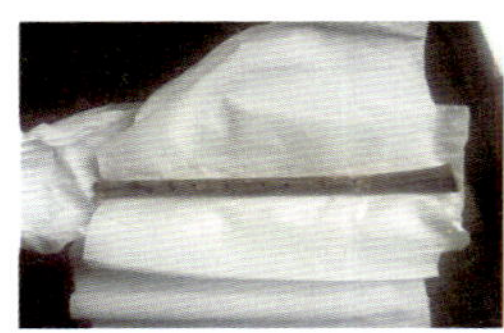

图 6-6 贾湖遗址出土的 8000 年前的骨笛

程。需要说明的是，“八千年文明”的说法混淆了文明起源与形成的关系，不符合历史事实。

3. 六千年加速

距今6000年前后，中华文明起源的节奏加速。黄河流域的粟黍栽培技术向长江流域传播，水稻耕作技术也向北传到了汉水流域和黄河中下游地区。各地的手工业也取得了显著进步，出现了质地坚实、表面光滑的精致陶器。山西夏县师村仰韶文化早期遗址出土了距今6000多年前的4件石刻蚕蛹，发掘者认为当时已发明了养蚕缫丝技术，人们的精神生活逐渐丰富，河南濮阳西水坡遗址的一座仰韶文化早期墓葬中，墓主的东西两侧分别有大量蚌壳堆塑出的龙和虎，这与战国到汉代的四神思想的东青龙、西白虎的方位一致。彩陶艺术在我国中东部地区流行，琢玉、髹漆和建筑技术也取得了长足的进步。

这一时期社会发生了一系列重要变化：

一是人口显著增加。聚落明显增多，在黄河中下游、长江中下游等区域，出现了由数十个村落构成的聚落群。

二是出现中心性聚落。在河南灵宝铸鼎原遗址群出现了数个规模达100万平方米的大型聚落，与此前数万到十几万平方米的小村落完全不同。

三是出现了战争。一些大中型聚落有宽十几米、深数米的壕沟环绕，显然是为了军事防卫。一些男性的墓葬随葬石制武器——钺。

四是社会分化加剧，开始出现权贵阶层。铸鼎原遗址群的西坡遗址，中部为广场，周围有制作考究、面积达 500 平方米的超大型房址。在江苏张家港东山村遗址距今 5800 年的墓地中，众多小型墓随葬三五件陶器，大型墓随葬多件玉石钺、玉装饰品以及数十件精美陶器。但这一阶段还处于文明起源加速阶段，尚未形成国家，也没进入文明。

4. 五千多年进入文明阶段

距今 5500—5000 年是中华文明发展史上一个非常重要的时期，长江中下游等地区相继进入了文明阶段。

在长江下游地区，在距今 5300 年前后出现了犁耕和大规模的稻田，田埂和灌溉沟渠规整，稻作农业技术已相当成熟。良渚古城周边大规模的水利系统（图 6-7）、古城核心莫角山南侧出土的 20 万公斤稻谷堆积等，表明发展农耕、掌握仓廪是良渚的国之大事。近年在浙江的余姚施岙、临平茅山遗址发现良渚时期的以树枝、竹条和废弃独木舟堆砌的宽大田埂，纵横交错；河道、灌水孔、排水槽，规划有致。施岙的稻田已确认有 8 万平方米。这些古稻田的初步修整，甚至可以早到距今 7000 年前后的河姆渡文化时期。远离良渚国家都邑的史前稻田和耕作系统，显示出良渚早期国家超乎想象的稻作农业规模，以及由此拥有的经济力量。这样的发现告诉我们，良渚早期国家建立在宗教、政治、经济、军事等全面发展的基础之上。

这一时期各地都出现了高技术含量的手工业制品，如精美的玉器、陶器、漆器和绿松石装饰品。这些制品工艺技术复杂，绝非一般工匠能够掌握，说明当时已出现具有专门技能的工匠家族。

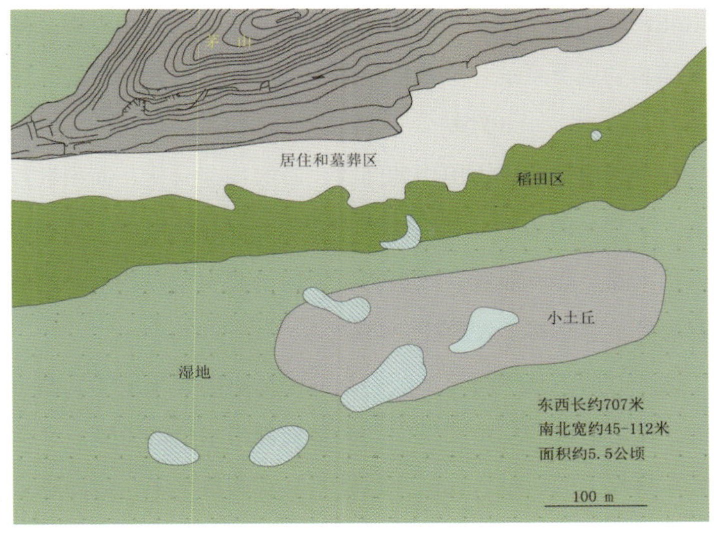

图 6-7 良渚文化晚期的水田示意图

高技术含量手工业的专业化是社会分工的重要表现。

这一时期社会发展的另一项标志是礼器的出现和礼制的初步形成。玉器、漆器、精致陶酒器等都出自各地的顶级墓葬，表明各地权贵阶层掌握了贵重物品的生产和分配，形成了以某些高技术含量的珍贵物品作为礼器、同时以墓葬规模体现墓主人地位的等级制度——礼制。

距今 5300 年前后，在黄河中下游、长江中下游及西辽河流域，都出现了面积达 100 多万平方米的中心城市和原始宗教圣地。距今 5100 年前，长江下游超大型的都邑良渚古城，内城面积 300 万平方米，外城 630 万平方米（分别相当于 4 个和 8 个北京故宫的面积），是当时世界上规模最大的都邑。为了防止山洪，在古城以北修建了长十余公里的高坝和低坝，这是同时期世界上规模最大的水利调节系统，反映出良渚王权组织开展大规模公共建设的能力。

在高等级早期城市出现的同时，阶级加速分化。面积数百乃至上千平方米的大型高等级建筑、随葬上百甚至数百件精致物品的权贵大墓，与一般社会成员的小型房子和小型墓葬相差悬殊，说明权贵阶层掌握了大量社会财富。

这一时期，几乎所有地区的大墓都开始随葬精致的武器——玉钺。良渚遗址的反山和瑶山的大墓随葬带木柄的玉钺，显然是象征军事权力的权杖。在岗上遗址新发现的墓葬中，最高等级的男性贵族普遍随葬一大一小两把玉钺。这些随葬玉钺的墓主人应是具有军事指挥权的王者，权贵阶层因军权而不断增强权威，由氏族部落的首领变为具有生杀予夺大权的王者。

这一时期战争和暴力现象增多，各地出现被扔弃在垃圾坑中、埋在大型建筑的基础里作为奠基或在大墓中作为殉人的人骨架。这些现象表明，一部分人已开始奴役另一部分人。

5. 四千三百年中原崛起

距今 4300 年前后，中华文明的进程出现重要转变，其重要特征是中原崛起。

距今 4300—4100 年，气候发生较大变化，气温异常，降雨不均，洪水频发，各地区文明的进程受到较大影响。

这一时期长江中下游地区文明衰落，黄河中游地区文明进程加速发展。距今 4300 年前，黄河中游的势力集团在与周围其他集团的力量对比中逐渐占据优势，山西陶寺和陕西石峁两座巨型都邑相继出现。

6. 四千年王朝建立

距今约 4000 年前，夏王朝建立。在以嵩山东南麓为中心的区域，出现了十余座大型城址。其中，在登封王城岗发现了气势恢宏、大小相套的内外城，该地自战国以来一直被称为“阳城”。在同时期的禹州瓦店遗址，大型夯土台基上有人祭、殉牲等多种祭祀遗存。这些发现都昭示着中华文明进入了以中原为中心的新阶段。《尚书 · 禹贡》中的“九州”基本涵盖了华北、华中和华东地区，表明在夏王朝建立之初，黄河中游势力集团的眼界已经扩展至黄河中下游和长江中下游，形成了范围广泛的天下观。经过了约 200 年的发展，到了夏代后期，夏王朝的实力不断增强，中原的引领地位逐步形成，影响范围空前广阔。这些可以从河南偃师二里头遗址得到反映。

二里头遗址所在的伊洛河流域是文献记载的夏王朝的中心区域，二里头文化的鼎盛期处在夏代后期至商王朝建立前夕。二里头遗址是同时期规模最大的遗址，二里头文化创造的以玉牙璋（图 6-8）为代表的礼器和礼仪制度辐射到周边广大地区，影响范围之广前所未有，二里头文化的一整套青铜与玉礼器，被后来的商王朝全面继承。

商王朝继承了夏王朝开创的礼制，政治、经济、文化和社会进一步发展，形成了以甲骨文为代表的成熟的文字体系，冶金术和礼制对更为广阔的区域产生影响。甲骨文的记载显示，商王是

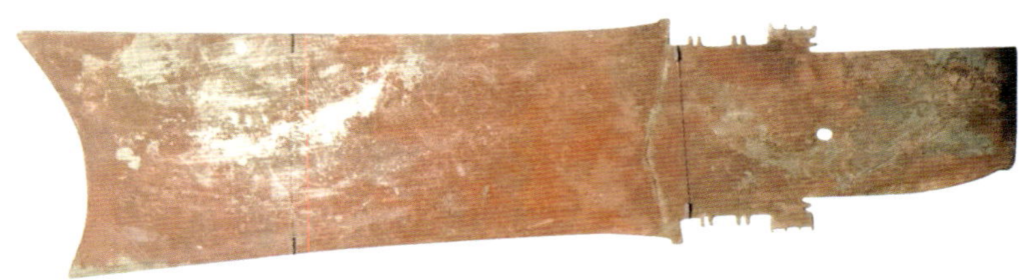

图 6-8 二里头遗址出土的牙璋

国家的最高统治者，商王之下有相对完善的行政机构，有以王畿为中心的直接控制区和间接控制的方国。商朝的政治势力与文化影响东到大海，西及陇山，南跨江汉，北至燕山。商系统的青铜礼器在广阔区域出土，表明商王朝在中华文明演进过程中发挥了更强的引领作用，促进了各地文化与社会的发展。

7. 三千年巩固

西周初年，周王通过“封邦建国”，册封自己的至亲和功臣到各地建立诸侯国，实现了王朝对王畿之外广大地区的稳固统治。在继承夏商礼制的基础上，周王朝完善了礼制体系，形成了以青铜器的种类和数量差别构成的器用礼制，以此明确等级。这种器用等级差异在西周时期被不断强化，逐渐扩展到衣食住行的各个方面，以至于穿着颜色、服装款式、佩戴玉器、驾乘马车、编钟乐器组合的种类与数量都有制度差别，甚至在丧葬活动中，木质棺椁的层数、墓葬的大小都发展成相对完备、严密的制度和完整理念。西周是中华文明进程中十分关键的时期，以分封制、宗法制、礼乐制为特征的文明形态，以周天子为核心的天下共主的国家结构，进一步强化了夏商以来的中央集权制度，为秦汉统一多民族国家的形成奠定了坚实基础。

8. 两千两百年大一统

公元前221年，秦始皇统一中国。自此，“海内为郡县，法令由一统”，中华文明从王国文明进入到大一统国家的文明阶段，开启了统一多民族国家形成发展的新阶段。

此外，根据近20年的考古发现和研究成果，探源工程提出，在夏王朝建立之前，我国存在一个各区域文明并存的“古国—邦国文明”的阶段：

1. 关于“古国”的含义

对于本书所述的我国各区域的史前文明，探源工程采用苏秉琦先生提出的“古国”的概念，称之为“古国文明”。“古国文明”是人类进入文明社会的第一个阶段。在这一阶段，社会分化已经相当严重，出现了凌驾于社会之上的权贵阶层和掌握军事权力和社会管理权的王者，出现了以某些贵重物品的专享所体现的等级制度——礼制的雏形。古国文明与部落联盟相比，最大的不同在于，部落联盟阶段的社会基本上处于平等的社会，不同部落之间地位基本平等，互不统属，部落内也没有出现严重的阶层分化。“古国文明”阶段的社会则出现了明显的贵贱贫富分化，形成了掌握军事指挥权、宗教祭祀权和社会管理权的权贵阶层。“古国文明”

与“王国文明”阶段相比，最大的区别在于王权的强化程度、官僚机构的完备程度、社会等级制度的严密程度，以及控制区域范围的不同。在“王国文明”阶段，王对于其统治之下的区域和民众拥有生杀予夺的权力，存在着为王权服务的比较成形的官僚机构和比较严密、完备的等级制度。在“王国文明”阶段，国王所控制的区域范围也比古国阶段广大得多。

2. 关于“古国”与“酋邦”的关系

“酋邦”是美国人类学者塞维斯于20世纪60年代提出的理论[1]。他把人类社会划分为“游团、部落、酋邦、国家”四个阶段。酋邦理论自提出以来，国际人类学界围绕该论展开了数十年的讨论，出现了形形色色的观点，诸如“简单酋邦”“复杂酋邦”“专制酋邦”等，不一而足。对于酋邦和国家之间的界限，特别是“复杂酋邦”“专制酋邦”与早期国家究竟如何区分，国际学术界争论很大，莫衷一是[2]。鉴于上述情况，探源工程没有采取酋邦理论，而是采用在中国古代文献中常可以见到的“国”或“邦”，将距今5000多年前到夏王朝建立之间的1000多年称为“古国时代”[3]，将黄河中下游地区、长江中下游地区和辽河流域地区的早期区域

【1】*Service, Elman R. Primitive Social Organization: An Evolutionary Perspective. Randon House, pp.59-177, 1962; Origins of the State and Civilization: The Process of Cultural Evolution. New York: W.W.Norton, pp.3-103,1975.*（塞维斯：《国家与文明的起源》，上海，上海古籍出版社，2019年。）

【2】谢维扬：《中国早期国家》，杭州，浙江人民出版社，1995年。

【3】赵辉：《古国时代》，《华夏考古》2020年第6期。

文明称为“古国文明”。

3. 古国时代文明的发展阶段性——从“古国”到“邦国”

按照古国时代文明的发展，探源工程将“古国文明”阶段分为前后两个阶段：

“古国文明”的前段大约从距今 5500 年开始进入，以黄河中游地区的河南巩义双槐树遗址、长江下游的安徽含山凌家滩遗址、辽河流域喀左牛河梁遗址（图 6-9）为代表。其特征是社会出现明显的分化，出现了掌握社会管理权的权贵阶层；但是，还没有形成不同的阶级，没有形成维持权贵阶层统治的比较完备的

图 6-9 牛河梁遗址的权贵人物大墓

制度。权贵阶层主要通过对宗教祭祀权以及军事指挥权的掌控来维持统治。

关于“古国文明”的后段何时开始，具体而言，各地进入这一阶段的年代参差不齐。以良渚古城、陶寺古城和石峁古城为代表，其特征是，墓葬和居住设施所反映的社会阶层分化比前一阶段更加严重，出现了阶级，出现了维持权贵阶层统治的初期礼制，出现了掌握军事权力和社会管理权、财富分配权的王者。王具有调动控制范围内广大劳动力举行大型工程的能力。与夏、商王朝相比，这一时期的王还没有形成诸如夏、商王朝那样的王权，控制区域的范围和强度也还比较有限，没有形成比较完备的官僚制度，也没有出现常备的军队和法律机关的迹象。这一时期的王对其控制的区域内的酋长还没有生杀予夺大权，也还没有迹象表明，当时已形成较为完备的赋税制度。

为了区别于前期的“古国”，笔者将这一后期阶段称为“邦国”，将这一时期的文明称为“邦国文明”。

需要指出的是，各个区域进入“邦国文明”阶段的时间并非同步，长江下游地区（以良渚文明为代表）或最早进入这一阶段。黄河中下游地区则是以距今 4300—4000 年的陶寺古城、距今 4100—3800 年的石峁古城和距今 4300—4000 年的石家河古城的兴盛时期为代表。这几个地区距今 5000—4300 年间的状况由于缺乏考古材料，尚难讨论。

第三节

“中华文明探源工程”揭示中华文明起源、形成的环境背景与生业基础

中华文明探源工程设立了年代课题组，在20世纪末实施的“夏商周断代工程”对夏商周王朝年代进行系列测年的基础上，运用AMS（加速器质谱仪）测年技术对全国各地距今5500—3500年期间一些重要遗址出土的测年标本进行了系列高精度测年，获得如下三个方面的成果：

1. 通过高精度测年，准确把握了距今5500到3500年我国各个区域考古学文化的年代序列和各个都邑性遗址及其他区域性中心性遗址的年代

经过15年的努力，中华文明探源工程测年课题组共勘测数千个标本，得出了全国范围内距今5500—3500年期间各地区考古学文化的年代序列，并解决了长期以来存在的、各个区域考古学文化之间的相互对应的年代关系；解决了距今5500—3500年期间各个都邑性遗址的年代，包括始建年代、使用年代和废弃年代，为研究各个地区的文明进程、关键节点的年代，以及各区域之间相互关系奠定了极为重要的年代学基础。

2. 初步探明了中华文明演进与环境变化的关系

针对以往的文明起源研究中缺乏环境研究者的加入，致使各地区文明的兴衰与环境的关系扑朔迷离，难以确定的状况，探源

工程专门设立了环境变化与文明演进关系课题组。环境课题组通过开展对各个区域距今 8000 年到 3500 年期间环境的研究，对各区域文明起源的自然环境背景及其与文明盛衰关系有了比较全面的了解。[1]

距今 8000—6000 年期间是全球范围的大暖期，气候整体上温暖湿润，为世界各地农业的发展提供了很好的条件。距今 6000 年前，黄河流域的气候类似于今天的长江流域，长江流域的气候类似于今日的华南地区。正是由于较好的自然环境，促使各地区农业显著发展，为文明的形成提供了重要条件。

对各地的环境变化的研究发现，环境的变化确实对各地区的文明进程产生了重要影响。在距今 4300—4100 年期间，曾经发生了较大范围的环境变化，对各地区文明的进程产生了较大影响。以长江下游为例，一度十分繁荣的良渚文明在距今 4300 年左右发生衰变，都城废弃，人群流离，以居住在良渚古城中的最高统治者为核心的社会结构崩塌，盛极一时的良渚文明衰落。通过工程设计的环境变化与文明关系课题的研究，我们得知，良渚文明的衰落与环境的变化对其稻作农业造成严重影响密切相关。在良渚古城繁荣的时期，面积广阔的低湿地被开垦为稻田。由于距今 4400 年前后的洪水频发和地下水位上升，这些曾经作为水稻田的广大区域重新沦为沼泽。良渚古城周围古城衰落时期地层中，禾本科花粉显著减少，与古城兴盛时期的禾本科花粉浓度极高的情

[1] 莫多闻：《中华文明起源和早期发展的自然环境因素》，《中国文物报》2022 年 7 月 1 日，第 5 版。

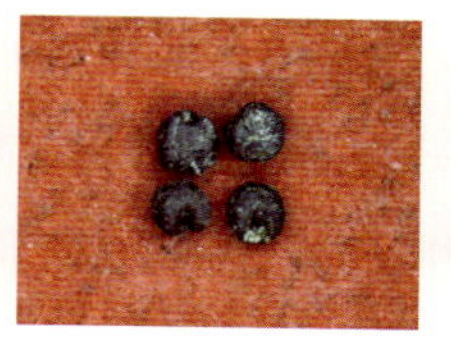

图 6-10 内蒙古兴隆沟遗址出土的 8000 年前的粟和黍

况形成鲜明对照，反映了良渚文明晚期稻作农业遭受了致命性打击。由此可见，适宜农业发展的环境是长江下游地区文明得以形成和发展的重要条件。距今 4300 年前后环境的变化使得农业受到严重打击，是导致长江下游区域文明衰落的重要原因。[1]

黄河中游地区的华夏文明之所以成为中华文明的核心，原因是多方面的。其中重要原因之一是，与长江下游地势低平和单一的水稻种植相比，多样的地形条件和粟、黍、稻、豆等构成的多品种的农作物种植体系（图 6-10），使黄河中游地区的人们应对自然环境的变化具有较大的回旋余地和更强的抗风险能力。

3. 系统考察了各地区文明形成的生业基础——农业和手工业的发展状况

以往的文明起源研究，往往忽略对各区域农业和手工业发展状况的考察。针对这种情况，探源工程专门设置了生业与技术的课题，多学科结合，系统考察各个区域距今 10000—3500 年期间，

【1】袁靖、潘艳、董宁宁、司徒克：《良渚文化的生业经济与社会兴衰》，《考古》2020 年第 2 期。

特别是距今 5500—3500 年期间各区域文明起源和形成阶段的农业和手工业发展状况，并探讨其与文明起源、形成的关系。研究结果表明，农业和手工业的发展确实在文明起源和形成过程中发挥了重要作用。[1]

在距今 10000 年前，在我国北方地区已经开始栽培粟与黍，长江中下游地区已开始栽培水稻。农业的起源，为各地进入新石器时代的定居状态奠定了基础。

在河南新密李家沟等遗址，发现距今万年前的小型定居村落，出土了初期的陶器和细石器。[2] 在距今 9000—7000 年的裴李岗文化时期，农业取得发展，人口增加，村落的数量和面积有所增加，人们的精神生活也丰富起来。在距今 8000—6000 年期间气候整体温暖湿润的环境下，黄河流域和辽河流域的粟作农业和长江流域的稻作农业都取得了显著的发展。黄河中下游地区主要种植粟和黍，同时兼种水稻。河南舞阳贾湖发现距今 8000 年的村落，[3] 遗址面积 5 万多平方米，发掘出数十座房址和数百座墓葬。出土了丰富的陶器、石器、骨器，以及炭化稻和迄今年代最早的家猪。居住址和公共墓地内墓葬的规模及随葬品显现出差别，少数墓葬规模比一般墓葬略大，随葬绿松石装饰，有些墓主人腰部随葬多件内装有小石子的乌龟壳，有的龟甲上有刻画符号（图 6-11），

【1】袁靖：《中华文明探源工程十年回顾：中华文明起源与早期发展过程中的技术与生业研究》，《南方文物》2012 年第 4 期。

【2】北京大学考古文博学院、郑州市文物考古研究院：《河南新密李家沟遗址南区 2010 年发掘简报》，《中原文物》2018 年第 6 期。

【3】河南省考古研究所：《舞阳贾湖》，北京，科学出版社，1992 年。

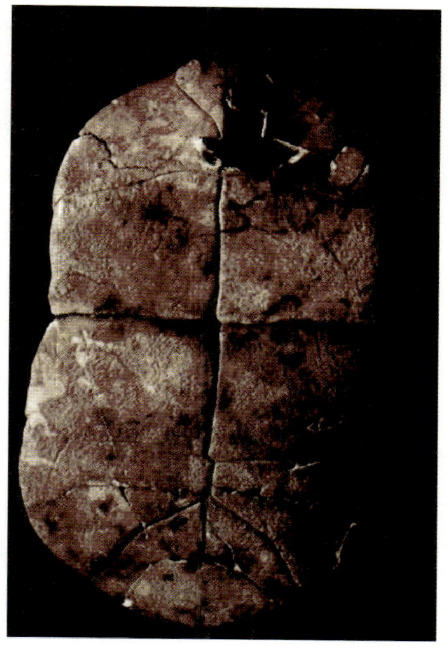

图 6-11 贾湖遗址出土的刻符龟甲

有些符号与殷墟出土的甲骨文相似。有些墓葬中出土了用鹤类翅骨做的骨笛，有五孔、六孔、七孔不等，共数十件。研究者对其中一件七孔笛进行了测音，发现音阶准确，至今可以演奏乐曲。[1]上述这些发现说明当时淮河流域的人们已经开始种植水稻，饲养家猪，制作多样陶器、石器和骨器，人们的精神生活已经很丰富，氏族内部已经出现了掌握刻画符号及制作和吹奏骨笛的人，已经

【1】黄翔鹏：《舞阳贾湖骨笛的测音研究》，《文物》1989 年第 1 期。

出现了社会分工和分化的端倪，已经开始了文明起源的进程。

长江中下游地区始终以水稻作为主要的农作物。长江下游地区在距今一万年前已经开始水稻的栽培。在浙江浦江上山遗址发现了经营早期稻作的定居村落，出土了水稻的遗存、陶器和磨制石器。[1]浙江义乌桥头遗址发现上山文化晚期的聚落和墓葬，出土石器和制作精美、表面涂红衣的陶器，有些陶器表面还用白彩绘出太阳纹、点线纹、平行短线等纹饰，[2]反映出当时的人们在审美和信仰方面取得的进步。到了距今 8000 年前，稻作农业有了初步发展，人口显著增加。浙江浦江跨湖桥遗址出土了长达 5.6 米的独木舟，表明当时已经具备了近海航行的能力。[3]这几处遗址的居住址和墓葬看不出明显的贫富贵贱的差别，当时的氏族社会还是一个平等的社会。到了距今 7000 年的河姆渡文化时期，多个遗址发现了当时的水田，稻作农业取得了显著发展，精神生活也日益丰富，为长江下游地区文明的形成奠定了基础。

在长江中游地区，距今 9000—8000 年的彭头山文化时期，稻作农业取得初步发展，出现了周围有围沟的定居的聚落[4]，史前文化取得发展。距今 7000 年前，形成了高庙文化，以白陶和表面刻圆目、大口、獠牙的兽面形象为代表的陶器反映出当时

【1】浙江省文物考古研究所、浦江博物馆：《浙江浦江县上山遗址发掘简报》，《考古》2007 年第 9 期；浙江省文物考古研究所、浦江博物馆：《浦江上山——浦阳江流域考古报告之三》，北京，文物出版社，2016 年。

【2】浙江省文物考古研究所：《浙江义乌桥头遗址》，《大众考古》2016 年第 12 期。

【3】浙江省文物考古研究所、萧山博物馆：《跨湖桥——浦阳江流域考古报告之一》，北京，文物出版社，2004 年。

【4】湖南省文物考古研究所：《彭头山与八十垱》，北京，科学出版社，2006 年。

图 6-12 东胡林遗址出土的 1 万年前的粟和黍

人们丰富的精神世界。[1]

在长城沿线与西辽河流域，粟作农业在距今一万年前后也开始兴起。北京门头沟东胡林遗址出土了距今一万年栽培的粟和黍（图 6-12）。[2] 在内蒙古赤峰敖汉旗兴隆洼遗址，发现了距今 8000 年前的围沟聚落。聚落内发现成排分布的房址，出土了炭化的粟和黍，以及陶器、石器、骨器等，还有北方地区最早的家猪和各种野生动物的骨骼。[3] 在部分房址内居住面以下发现了墓葬，

【1】湖南省文物考古研究所：《洪江高庙》，北京，科学出版社，2022 年。

【2】北京大学考古文博学院、北京大学考古学研究中心、北京市文物研究所：《北京市门头沟区东胡林史前遗址》，《考古》2006 年第 7 期；北京大学考古文博学院、北京市文物研究所：《北京东胡林遗址发掘的主要收获》，北京市文物研究所东胡林考古队，2006 年。

【3】中国社会科学院考古研究所内蒙古工作队、中国科学院植物研究所：《内蒙古敖汉旗兴隆洼遗址发掘简报》，《考古》1985 年第 10 期；中国社会科学院考古研究所内蒙古工作队：《内蒙古敖汉旗兴隆洼聚落遗址 1992 年发掘简报》，《考古》1997 年第 1 期。

部分墓葬随葬陶器和制作较为精致的玉玦、玉坠等装饰玉器，表明当时已经掌握了琢玉工艺技术。有一座墓葬随葬一雄一雌两口家猪，表明当时的社会已经开始出现贫富分化的端倪。

距今 6000 年前后，农业进一步发展。[1] 有人质疑当时各个区域农业是否取得了发展。我们认为，农业的发展表现在两个方面：一是农业生产工具取得了进步。在长江下游地区，大约距今 5500 年左右的崧泽文化晚期，出现了犁耕；到了距今 5100 至 4500 年的良渚文化时期，多次出土了石犁及其他耘田器等多种稻田农具；在良渚文化之后的广富林文化时期的水田中，还发现了水牛的脚印，可知在当时的长江下游地区，犁耕已经比较普遍，稻作农业取得了显著的进步。另一个方面应是生产技术的进步，只是这方面的表现在考古资料上往往难以辨识。长江下游浙江茅山遗址特别是余姚施岙遗址发现的良渚文化的水田，稻田规模达 10 万平方米（相当于 14 个足球场），田埂、沟渠很规整，显然早已超过稻作农业初期小规模水田的阶段。在良渚古城内中部的莫角山高等级建筑区附近，出土了大量炭化稻谷堆积，估计总重量逾 20 万斤之多，这也证明良渚文明兴盛期稻作农业确实比较发达。

探源工程的研究成果表明，农业的发展提供了比较稳定的食

【1】赵志军：《中华文明形成时期的农业经济发展特点》，《中国国家博物馆馆刊》2011 年第 1 期；《关于夏商周文明形成时期农业经济特点的一些思考》，《华夏考古》2005 年第 1 期；《公元前 2500 年—公元前 1500 年中原地区农业经济研究》，《科技考古》第 2 辑，北京，科学出版社，2007 年。

物乃至剩余价值，为人口增殖、社群规模扩大和向复杂化发展奠定了基础，给黄河、长江及辽河流域史前社会带来了一系列重要的变化，主要体现为两个方面：一是人口的显著增加。距今6000年以前，聚落分布较为稀疏，村落的规模大都是数万到十几万平方米，多者不过几十户人家。距今6000年之后，聚落的数量较此前显著增多，聚落的规模也明显扩大。二是早期城市的出现。这一时期开始，一些地区相继出现了规模达数十万乃至上百万平方米的大型聚落，表明出现了人口的聚集，形成了早期的城市，成为当时该区域的政治、经济和文化中心。中心聚落的出现是划时代的新事物。它俨然是个实力超众的领袖，把那些差别不大的普通村落逐渐整合成一个更大的整体。作为一个整体，它进而和比邻的群落建立起种种关系。于是，在聚落群内部和聚落群之间的关系上开始出现了前所未有的政治因素。在一些等级高的早期城市中，出现了布局规整的大型高等级建筑和有丰富随葬品的大型墓葬，社会开始出现日益明显的贫富与贵贱的分化。这些变化应是在适宜的环境下，农业得以显著发展，导致人们之间的关系发生变化的结果。探源工程手工业课题的研究成果表明，在各地史前农业发展的同时，手工业工艺技术也取得了进步，最为突出的变化是，高技术含量、高等级的珍贵物品（如玉器、精致陶器、漆器、绿松石装饰品等）工艺技术生产专业化的出现，如辽河流域牛河梁大型积石墓和长江下游地区安徽含山凌家滩墓葬的高等级墓葬随葬的玉人、玉龙、玉鸟、玉龟；长江下游地区良渚文明的玉琮、玉璧和玉石钺以及各种玉饰，等等。高技术含量手工业的专业化应是出现社会分工的表现之一。

这一时期，各地的社会分化已经相当严重。技术含量高、制作精致的物品都出于各地高等级的墓葬中，表明各地权贵阶层已经掌握了这些贵重物品的原料供给、生产和分配。考古发现，中心聚落内部制陶、石器制造等手工业水平和分工程度也明显高于普通村落；此外还可从墓葬大小和随葬品质量、数量悬殊等情况，看到社会成员中的财富、地位的明确分层，也即社会的复杂化在聚落之间和中心聚落内部全面展开了。由此可见，高端手工业为权贵阶层所掌控，应是各区域文明演进的共同特点，也是首领的权力得以巩固的重要因素。

第四节 “中华文明探源工程”对中华文明多元一体格局的形成过程和机制的认识

中华文明探源工程的考古发现和研究成果表明，中原地区作为中华文明的核心是经历了一个逐步发展的过程的。大约从距今8000—7000年前开始，我国不同地区的玉器制作和“以玉为美”的观念即已开始交流，例如距今8000年前兴隆洼遗址出土的玉玦和玉坠的组合，与距今7000年前河姆渡遗址出土的玉器组合是基本一致的（图6-13）。我们可以通过以下几个方面，观察以中原地区为核心的中华文明多元一体格局的形成过程：

一、仰韶文化彩陶的扩展

距今6000年左右开始，黄河中游地区处于仰韶文化中期，其庙底沟文化中颇具特色的以花和鸟的图案为代表的彩陶制作工艺（即在陶器烧制之前，在光滑的陶坯表面绘出弧线和圆点的图案，烧制后就在陶器表面形成了图案）向周围地区施加了强烈的影响（图6-14至图6-16）。此后，影响范围逐渐扩大，至距今5300年前后，其影响所及南达长江中游，北抵河套地区，东到黄河下游，西至黄河上游地区。在中国史前时期，第一次出现了以中原地区为中心的一个文化圈。有学者认为，这一系列现象形成了“文化上的中国”[1]（的雏形——笔者按）。恰在这一时期，

【1】韩建业：《略论文化上“早期中国”的起源、形成和发展》，《江汉考古》2015年第3期；韩建业：《早期中国—中国文化圈的形成与发展》，上海，上海古籍出版社，2020年。

图 6-13 内蒙古赤峰市兴隆洼遗址出土的玉器（上）
与浙江河姆渡遗址出土的玉器（下）
（上图由中国社会科学院考古研究所提供；下图由浙江省博物馆提供）

在中原地区的河南灵宝铸鼎原一带，出现了上百万平方米的大型聚落集中的现象。该现象发生的时间和地域，与古史传说中黄帝、炎帝集团的兴起和活动范围恰相吻合。这当非偶然，应当是炎黄集团兴起，并对周围地区产生强烈影响的反映。

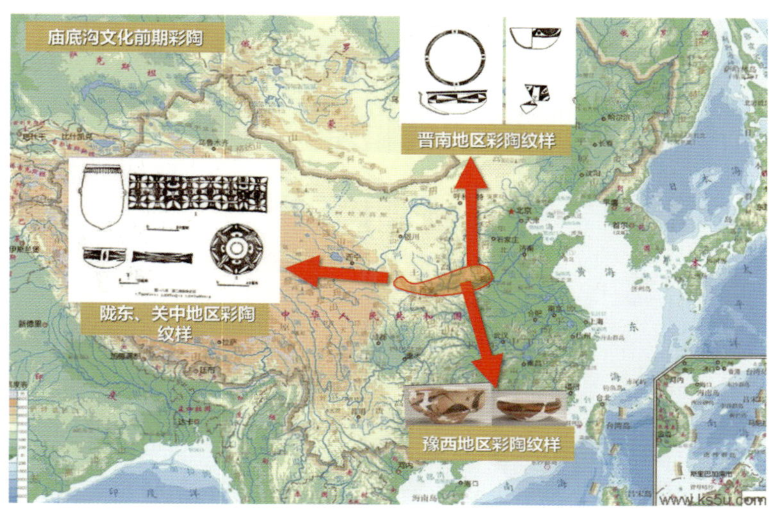

图 6-14 庙底沟文化早期彩陶的分布范围（豫西、晋南、渭河流域）

图 6-15 庙底沟文化中期彩陶的影响范围

（右：庙底沟类型、左：泉护类型、下：阎村类型、上：西阴类型）

图 6-16 庙底沟文化晚期彩陶的影响范围（庙底沟文化、大汶口文化、红山文化、海生不浪文化、马家窑文化、大溪—屈家岭文化、马家浜—崧泽文化）[1]

二、距今 5500 年左右早期中华文化圈的形成

距今 5500 年左右，黄河中下游地区、长江中下游地区和辽河流域都出现了文明化进程加速的情况，形成了各具特色的区域文明（“古国文明”）。她们如群星璀璨，交映生辉；似百花绽放，争奇斗艳。彼此既相互竞争，又相互借鉴，展现出一幅此起彼伏、波澜壮阔的中华文明多元起源的画卷。值得注意的是，正是在这一阶段，各个区域的文明通过彼此的交流，逐渐形成了一些相同的文化基因，例如：

【1】图 6-14 至图 6-16 由中国社会科学院考古研究所赵青春研究员提供。

1. 龙的形象的出现

在河南濮阳西水坡遗址距今 6000 多年前的一座墓葬中，在人骨架的旁边，发现了用贝壳堆塑的龙和虎形象[1]（图 6-17），说明当时已经出现了龙的观念。值得注意的是，贝壳堆塑的龙在东，虎在西，与战国至汉代流行的东青龙、西白虎的“四神”方位恰相吻合。这一现象应非偶然，而是暗示着“四神”观念具有久远的史前渊源。

如前文所述，在安徽凌家滩和辽宁牛河梁墓地的大墓中，都出现了体呈 C 形的玉龙；山西陶寺遗址早期大型墓葬中都随葬有一件绘有彩绘盘龙纹的大陶盘[2]。到了夏代后期的都城——河南偃师二里头遗址出土了用两千多片绿松石镶嵌在有机物上形成的龙形饰物[3]。商代晚期的王——武丁的河南殷墟妇好墓中，出土了带有龙纹的铜盆。可见龙的观念已深入人心。

2. 从“以玉为美”到“以玉为贵”的理念

在黑龙江饶河小南山遗址，出土了玉环等距今 9000 年的玉

【1】濮阳市文物管理委员会、濮阳市博物馆、濮阳市文物工作队：《河南濮阳西水坡遗址发掘简报》，《文物》1988 年第 3 期；濮阳西水坡遗址考古队：《1988 年河南濮阳西水坡遗址发掘简报》，《考古》1989 年第 12 期；河南省文物考古研究所、濮阳市文物保护管理所：《濮阳西水坡》，郑州，中州古籍出版社，2012 年。

【2】中国社会科学院考古研究所山西工作队、临汾地区文化局：《山西襄汾县陶寺遗址发掘简报》，《考古》1980 年第 1 期；中国社会科学院考古研究所山西工作队、临汾地区文化局：《1978—1980 年山西襄汾陶寺墓地发掘简报》，《考古》1983 年第 1 期；中国社会科学院考古研究所、山西省临汾市文物局编著：《襄汾陶寺 1978—1985 年考古发掘报告》，北京，文物出版社，2015 年。

【3】许宏、李志鹏、赵海涛：《河南偃师二里头遗址发现大型绿松石龙形器》，《中国文物报》2005 年 1 月 21 日第 1 版；中国社会科学院考古研究所二里头工作队：《河南偃师市二里头遗址中心区的考古新发现》，《考古》2005 年第 7 期。

图 6-17 西水坡遗址人骨东西两侧用贝壳堆塑的龙和虎

质装饰品[1]；在距今 8000 年前的内蒙古赤峰市敖汉旗兴隆洼遗址，出土了制作较为精美的玉玦和玉坠等装饰品[2]，说明当时已经出现了“以玉为美”的观念。到了距今 5500 年前，在辽河流域的红山文化晚期和长江下游地区崧泽文化晚期的安徽含山凌家滩的高等级墓葬中，除前述随葬 C 形玉龙之外，还随葬玉人、玉鸟、

【1】佳木斯市文物管理站、饶河县文物管理所：《黑龙江饶河县小南山新石器时代墓葬》，《考古》1996 年第 2 期；黑龙江省文物考古研究所、饶河县文物管理所：《黑龙江饶河县小南山遗址 2015 年 Ⅲ 区发掘简报》，《考古》2019 年第 8 期；赵宾福、孙明明、杜战伟：《饶河小南山墓葬出土玉器的年代和性质》，《边疆考古研究》2013 年第 2 期。

【2】中国社会科学院考古研究所内蒙古工作队、中国科学院植物研究所：《内蒙古敖汉旗兴隆洼遗址发掘简报》，《考古》1985 年第 10 期；中国社会科学院考古研究所内蒙古工作队：《内蒙古敖汉旗兴隆洼聚落遗址 1992 年发掘简报》，《考古》1997 年第 1 期；中国社会科学院考古研究所内蒙古工作队：《兴隆洼聚落遗址发掘获硕果》，《中国文物报》1992 年 12 月 13 日。

图 6-18 红山文化出土的玉龟

玉龟、玉璧、玉石钺等制作精美的玉器。体呈 C 形的玉龙、玉鸟和玉龟（图 6-18）的形态、特别是玉人的姿势都非常相似。相距数千里之遥，却存在如此相似因素，不可能是巧合，说明当时中华大地各个区域的社会上层之间可能存在着信息的交流，由此导致形成了以龙的形象为代表的各地区在原始宗教信仰和意识形态方面的共同性，而这正是后来多元一体的中华文明得以形成的重要思想基础。

3. 周围地区先进文化因素向中原地区的汇聚

在极有可能是尧所居都城——平阳的山西襄汾陶寺遗址[1]，

【1】中国社会科学院考古研究所山西工作队、临汾地区文化局：《山西襄汾县陶寺遗址发掘简报》，《考古》1980 年第 1 期；中国社会科学院考古研究所山西工作队、临汾地区文化局：《1978—1980 年山西襄汾陶寺墓地发掘简报》，《考古》1983 年第 1 期；中国社会科学院考古研究所山西队：《山西襄汾县陶寺城址祭祀区大型建筑基址 2003 年发掘简报》，《考古》2004 年第 7 期；中国社会科学院考古研究所山西工作队、山西省考古研究所、临汾市文物局：《山西襄汾陶寺城址 2002 年发掘报告》，《考古学报》2005 年第 3 期；中国社会科学院考古研究所、山西省临汾市文物局编著：《襄汾陶寺 1978—1985 年考古发掘报告》，北京，文物出版社，2015 年。

可以看到来自各地的先进文化因素向中原地区汇聚的现象，如黄河下游地区大汶口晚期特点的陶鬶陶盉等陶制酒器、最早出现于长江下游地区良渚文化的玉琮和玉璧、与长江中游石家河文化出土物相同的双翼形玉饰、来自西亚经黄河上游地区传入的冶铜技术等，表明这一时期中原地区的势力集团积极吸纳周围各个地区先进的文化因素，呈现出各地先进的文化因素向黄河中游地区汇聚的现象。正是中原地区以尧舜禹为核心的势力集团对其他地区先进因素的积极吸收，使中原地区的文化充满活力，得以不断发展壮大。

4. 中原地区的夏文明对周围广大地区的文化辐射

进入夏王朝之后，特别是夏王朝后半时期，中原王朝的影响力显著增强。中原与周边的交流从尧舜时期以对周围地区先进因素的吸收和汇聚为主，转变为以对外辐射为主的模式。河南偃师二里头遗址面积达 360 万平方米，年代为距今 3800 年至 3500 年，是同时期全国范围内规模最大的都邑性遗址[1]。该城址位于伊洛河流域。从遗址的年代、规模和位置判断，它极有可能是夏代后期的都邑。在河南偃师二里头遗址的中部，发现了面积达 10 万平方米的宫城，城内发现多座宫殿，开中国古代择中立宫制度的先河。在宫城以南，发现与宫城仅一路之隔，同样以外墙围绕，生产铜器和绿松石器等高等级产品的官营手工业作坊区，生产只有

【1】中国社会科学院考古研究所编著:《二里头 1999—2006》，北京，文物出版社，2014 年。

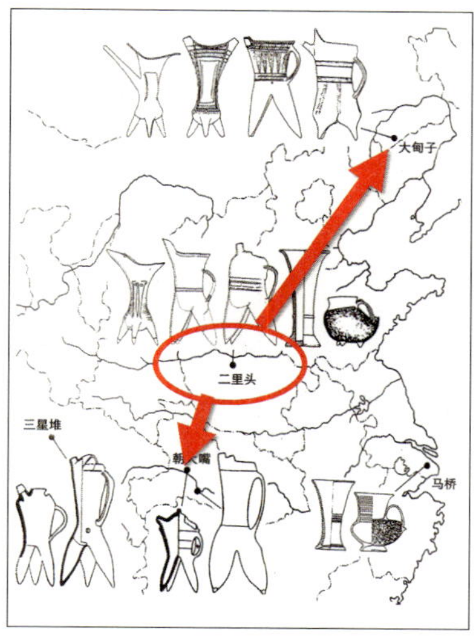

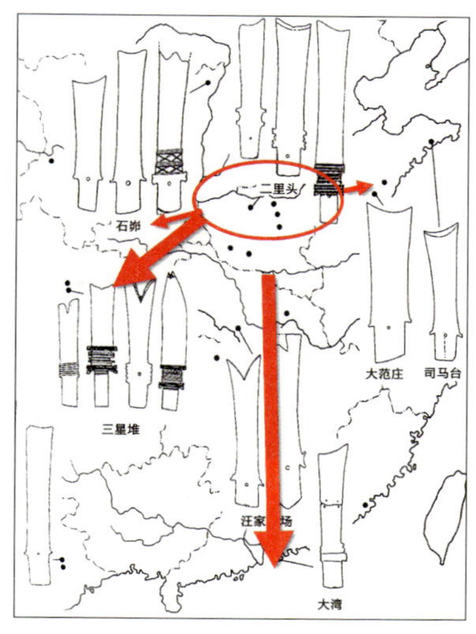

图 6-19 距今 3800 年前后二里头文化陶礼器和玉礼器的传播

贵族才能使用的青铜容器和绿松石装饰品。[1]说明这一时期的王权已经完全控制了高等级手工业制品的原料、生产、分配，使之成为维持其统治的礼乐制度的重要组成部分，也开后世传承数千年的中国礼制文明的先河。

以二里头为都邑的时期，是中原地区文明中心地位确立的时期。在二里头遗址，很多初见于陶寺、石峁等夏代之前的都邑性遗址的礼仪性用具得以规范化、系统化和制度化，出现了大型玉

【1】中国社会科学院考古研究所：《偃师二里头 · 1959—1978 年考古发掘报告》，北京，大百科全书出版社，1999 年；许宏：《二里头遗址发掘和研究的回顾与思考》，《考古》2004 年第 11 期。

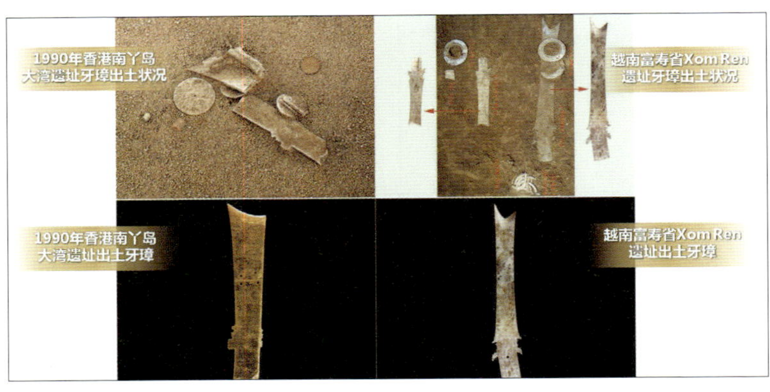

图 6-20 二里头文化的牙璋分布

图 6-21 二里头文化的青铜牌的“八方辐射”

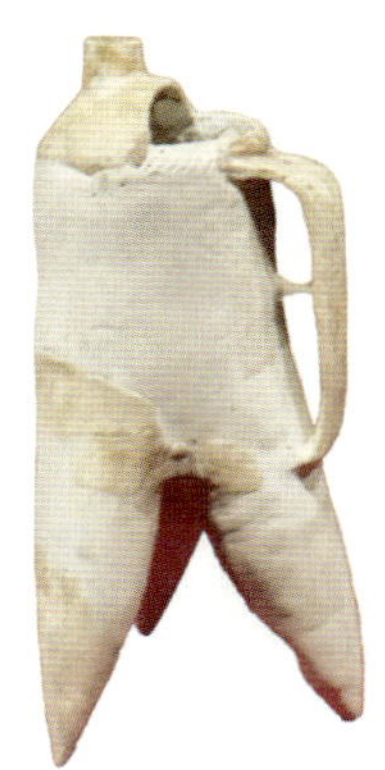

图 6-22 二里头遗址（左）和三星堆遗址（右）出土的陶盉

石钺、长身多孔玉刀、玉璋、高领玉璧等具有表示持有者高贵身份意义的大型仪仗用具，初步形成具有华夏风格和文化内涵的礼器制度（图 6-19 至图 6-24）。最为突出的例证是，夏代后期重要的仪仗用具之一——玉璋在黄河上游和下游、长江上中下游流域

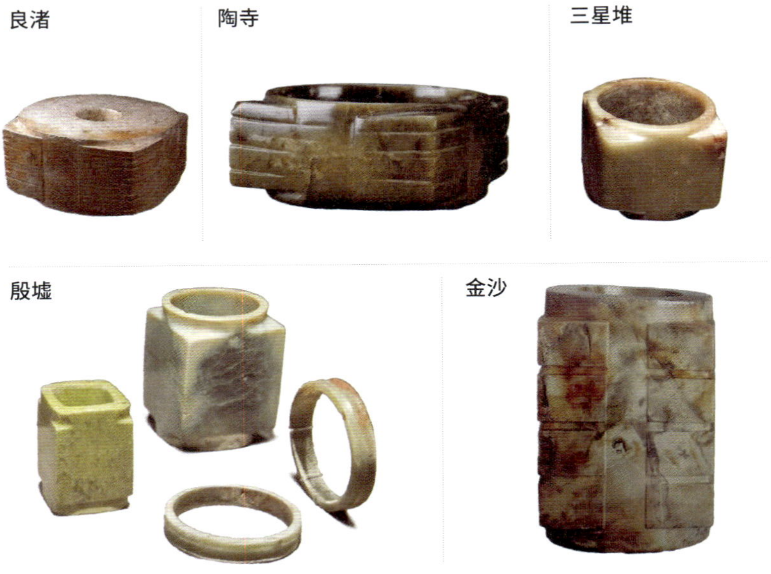

良渚　陶寺　三星堆

殷墟　金沙

图 6-23　玉琮的谱系

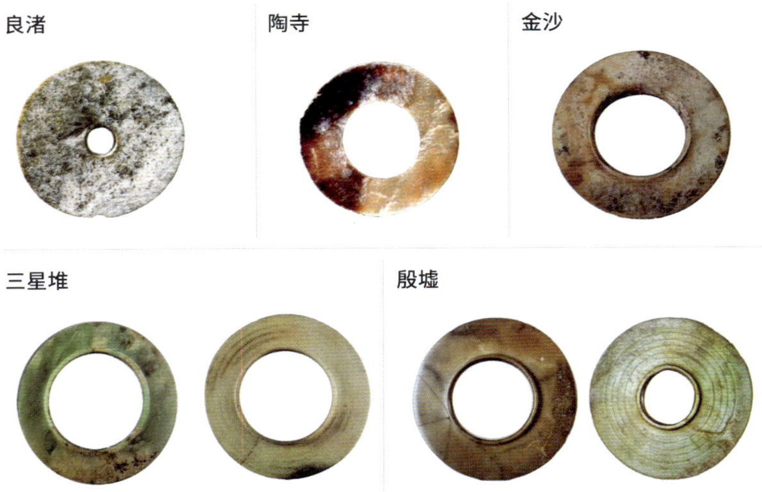

良渚　陶寺　金沙

三星堆　殷墟

图 6-24　玉璧的谱系

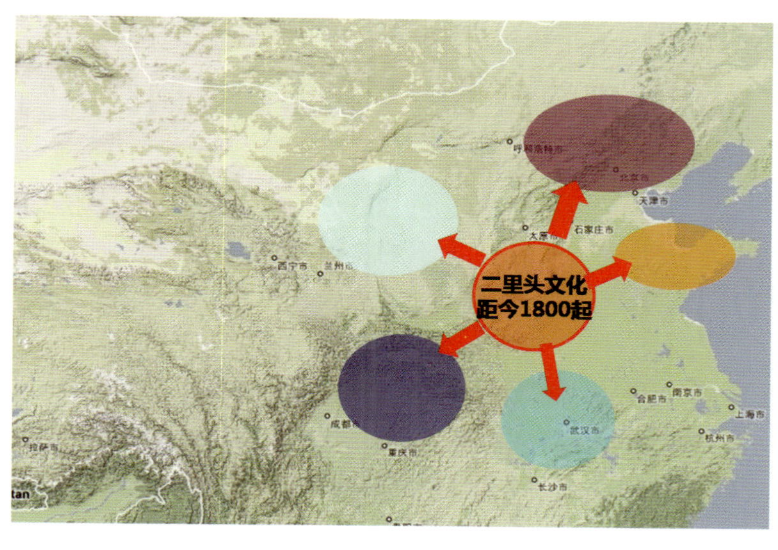

图 6-25 距今 3800 年前后夏王朝后期二里头文化（中原文化）对周围广大地区的文化辐射

乃至香港和越南北部都有发现[1]（图 6-25）。表明夏代后期之后，中原王朝的实力显著增强，对中原地区之外的广大地区的影响力也有十分明显的提升，这与夏王朝建立之前各地先进的文化因素向中原地区汇聚的状况形成鲜明对照，应当是中华文明从多元走向一体，从各地独具特色的区域文明——“古国文明”和“邦国文明”阶段——进入以中原地区夏、商、周王朝为中心的“王国文明”阶段这一重要历史进程的具体体现。

【1】邓聪主编，郑州市文物考古研究院、香港中文大学中国考古艺术研究中心编：《牙璋与国家起源——牙璋图录及论集》，北京，科学出版社，2018 年。

第五节 “中华文明探源工程”揭示的文明交流与互鉴

如前所述，中华文明探源工程的研究结果表明，中华文明是土生土长、在自身文化传统的基础上形成的原生文明，另一方面，在其形成过程中，也与域外其他古老文明发生过交流。大约距今 5000 年前，发源于西亚地区古代文明的农作物——小麦和家畜黄牛、绵羊等经中亚传入我国西北地区，并继续向中原地区传播[1]。与此同时，铜的冶炼和制作技术也从西亚经中亚地区经河西走廊传入黄河中游地区[2]。在距今 4000 年前后，家马由欧亚草原传入我国新疆地区[3]。在距今 3300 年左右，家马和马车也是经由欧亚草原地带传入商代晚期首都——殷墟[4]。上述外来文明因素的融入，丰富了中原地区农作物和家畜的种类，在黄河流域形成了粟、黍、稻、麦、大豆构成的五谷农业体系和猪、

【1】赵志军：《小麦传入中国的研究——植物考古资料》，《南方文物》2015 年第 3 期；蔡大伟、孙洋、汤卓炜、周慧：《中国北方地区黄牛起源的分子考古学研究》，《第四纪研究》2014 年第 34 卷第 1 期；蔡大伟、汤卓炜、陈全家、韩璐、周慧：《中国绵羊起源的分子考古学研究》，《边疆考古研究》第 9 辑，2010 年。

【2】李水城：《西北与中原早期冶铜业的区域特征及交互作用》，《考古学报》2005 年第 3 期。

【3】中国社会科学院考古研究所、博尔塔拉蒙古自治州博物馆、温泉县文物局：《新疆温泉县阿敦乔鲁遗址与墓地》，《考古》2013 年第 7 期；袁靖：《中国古代家马的研究》，《中国史前考古学研究——祝贺石兴邦先生考古半世纪暨八秩华诞文集》，西安，三秦出版社，2004 年。

【4】龚缨晏：《车子的演进与传播——兼论中国古代马车的起源问题》，《浙江大学学报（人文社会科学版）》2003 年第 3 期。

狗、牛、羊、马的家畜饲养体系。冶金术经我国西北地区传入黄河中游地区后，与此前的仰韶和龙山时代已经掌握的高温烧制陶器的技术相结合，经过创新，发明了青铜容器铸造技术，在尧舜的时期制作出第一批青铜容器，为夏商周王朝时期辉煌的青铜文明的产生奠定了基础（图 6-26）。马和马车的传入，丰富了黄河流域人们的交通手段，扩大了人们活动的范围。

这一时期，文化的交流并非单向，而是双向的。在距今 5000 年前后，在小麦、黄牛、绵羊、冶金术从西亚传入我国境内的同时，原产于我国华北地区的粟、黍栽培也向西传播到中亚、西亚地区。这一事实充分证明，不同文明的交流互鉴是促进人类文明发展的动力。也说明，中华文明之所以延绵不断，其中重要的原因之一，是不断吸收和借鉴周围地区的先进文化因素，并加以吸收和创新，使其充满活力，得以不断发展。

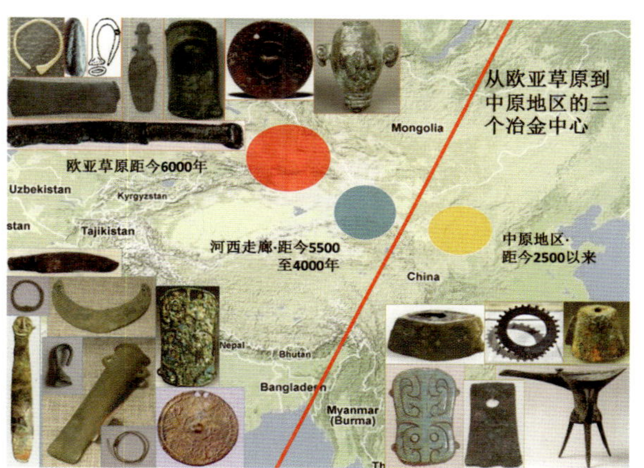

图 6-26 冶金技术由欧亚草原向我国内地的传播

（此图由中国社会科学院考古研究所常怀颖研究员提供）

结语

◎ 在科技部和国家文物局等有关部门的组织和领导下，在全国同行的积极参与和大力支持下，“中华文明探源工程”取得了显著成果，实证了中华五千多年文明，对中华文明的起源、形成和发展的历史过程有了一条较为清晰的脉络；对中华文明多元一体格局的形成和发展过程及其背景、原因、机制与动力，对先秦时期中华文明的灿烂成就和对世界的贡献有了比较系统的认识。

2019 年 7 月 6 日，在阿塞拜疆首都巴库举行的第 43 届世界遗产理事会大会上，良渚古城及其水利设施被批准列入世界遗产名录。世界遗产理事会对良渚古城的入选原因做了如下阐述：“良渚古城遗址展示了一个存在于中国新石器时代晚期的、以稻作农业为经济支撑，并存在社会分化和统一信仰体系的早期区域性国家形态，印证了长江流域对中国文明起源的杰出贡献。”良渚文化进入文明阶段得到了世界遗产界的认同。

我们也清醒地认识到，探源工程虽然取得了可喜的成果，但对中华文明起源、形成、发展的内在机制、道路，对各个区域文明化进程的特点与模式，对与中华文明起源和发展相关的文明内在特点等重大问题的研究还有待深入。如果缺乏对其他古老原生文明充分的了解、缺乏比较研究，就会影响我们对中华文明特质的分析。特别是由于探源工程的研究成果还没有系统地向学术界报告，缺乏对全社会广泛、深入的宣传，致使工程的主要研究成果——“中华五千多年文明是历史真实” 的认识尚未得到史学界的广泛认可，至今还有相当数量的历史学者坚持认为良渚遗址、陶寺遗址、石峁遗址所处的社会是处于 “部落联盟” 阶段，中华文明始自夏王朝建立。

与此同时，学术界也愈发意识到中国文明问题的复杂性。中国文明的起源是一个长近 2000 年的历史过程；而且，古代中国版图内的文明，是分布于青藏高原以下，遍及黄河、长江全域以及钱塘江、淮河、西辽河流域的总面积至少有 250 多万平方公里之广袤大地上的诸多地方文明构成的一个巨大丛体，其体量之大为同时期世界上几个古代文明之最。学术界早就对其中的各支考古学文化的变化发展及其相互关系作出了概括，形象地称之为史前文化的 “多元一体”。而有关文明起源和早期发展的研究则进一步揭示出，这个丛体内部的各地方社会也分别有自己的文明化演进方式和特点。近年来，将这些地方文明视为个案，分别就其演进过程、原因机制、方式道路等开展研究，正成为新的学术热点。唯其如此，才能进一步了解它们在彼此的取长补短、交流互鉴、融会贯通中逐步扩大发展的一体化趋势，凝结出中华文明的特色特点，最终导致了中华文明延绵不绝和多民族统一国家的历史结果。

中华文明起源研究是一个系统而长期的工程，需要几代人薪火相传、孜孜以求、不断探索、不断创新。2020 年开始，探源工程开始了第五阶段的实施，项目负责人和团队也做了调整充实。

我们相信，在几代学者的共同努力下，中华文明探源研究将会不断取得新的成果。博大精深的中华文明的起源、形成和早期发展的过程、特点和机制，以及她所取得的辉煌成就和对人类文明作出的卓越贡献必将越来越清晰地展现在世人面前！

后记

王巍：我亲历的中华文明探源工程

◎ 我开始关注中华文明起源是在 1983 年。

那一年，我们中国社会科学院考古研究所的老所长、新中国考古学的泰斗——夏鼐先生的《中国文明起源》出版。那是他将自己在日本进行的六场讲座的内容汇集整理而成的。书中主要根据考古发掘的成果，对中国文明的起源进行了系统的阐述。他认为，中国文明的形成以夏王朝的建立为肇始，河南西部的二里头遗址应当就是夏王朝的都城。

就在这本书出版前后，20 世纪 80 年代初，在辽宁牛河梁遗址，发现了用石块建造的大型方形积石墓和圆形祭坛，出土了女人像和各种动物塑像的神庙。牛河梁积石墓葬中出土了玉龙、玉鸟和“筒形玉器”“勾云形饰”等不知用途的玉器。无独有偶，在浙江余杭良渚遗址，发现了建造在方形祭坛上的贵族墓葬，墓葬中随葬数十件圆形的玉璧和外方内圆的玉琮。几乎同时，在黄河中游地区的山西襄汾陶寺遗址，也发现了几座随葬数十件彩绘陶器、彩绘漆木器的大墓。这几座大墓和附属于它们的一些中型墓单独位于一个区域，与其他小型墓葬相分离，小型墓葬几乎没有任何随葬品，显示出当时的阶层分化到了十分严重的程度。这几处发现除了陶寺遗址位于黄河中游地区外，其他的遗址都在中原地区之外。这对那时一直在学术界占统治地位的“中原中心论”（即中原地区自史前时期开始始终是中华文明的中心，是最先进的地区，周围地区是在中原地区的影响下发展起来的）是一个强烈的冲击。

中国考古学的另一位泰斗级学者苏秉琦先生根据这些新的考古发现，提出了中华文明起源“满天星斗”说和“古文化、古城、古国”及“古国、方国、帝国”的系列理论。这些新的考古发现和夏鼐、苏秉琦两位泰斗级人物都如此关注文明起源这一问题，给我留下了十分深刻的印象。

我在大学读书期间，受恩师著名考古学家张忠培先生的影响，对新石器时代考古，特别是长江下游出土玉器的良渚文化墓葬及当时的社会，抱有浓厚兴趣。1982 年年初进入中国社会科学院考古研究所工作后，我一直在北京房山琉璃河发掘西周时期燕国的都城和贵族墓地，主要精力放在考古发掘和西周时期考古资料的收集上。但是，我并没有放弃对长江下游地区文明起源的关注。我 1986 年发表在《考古》的第一篇论文，就是研究良渚文化玉琮的。此后，我也一直关注中华文明起源研究。

1987 年秋季，我受单位派遣，赴日本进修日本考古学。在日本期间，我惊讶地发现，对于以二里头遗址为夏代都城、中华文明从夏代开始、具有 4000 年历史的观点，日本的很多学者并不承认。他们沿袭老一辈学者的观点，认为夏王朝并不是实际存在过的王朝。日本出版的有关中国历史的著作中，几乎都是以出土甲骨文和青铜器的殷墟作为中华文明的开端，认为中华五千年文明没有任何事实根据，只是传说。按此观点，中华文明只有 3300 年。这给我很强烈的刺激。作为一个中国考古学者，我们对自己祖先创造的文明究竟有多长的历史，竟然拿不出令人信服的证据，实在是汗颜！

赴日本进修期间，我的主要任务是学习日本和朝鲜半岛考古学，研究东亚地区古代文化的交流。但是，文明起源和国家的形成始终是我关心的课题，一直放不下。古坟时代（4 世纪到 7 世纪）是日本古代文明和国家形成的时期。我发现其年代大大晚于中国，无论是王权的出现和强化的过程，还是中央王朝与地方势力之间的关系是从承认地方酋帅的控制权到派遣官员到各地担任"国造"，以此来巩固中央王朝对各地统治的进程，都与中国商王朝对方国的控制及西周王朝封邦建国，强化中原王朝对各地的统治的过程十分相似。于是，我在日本用了将近一年的时间，于 1990 年夏天完成了我的第一部专著——《从邪马台国到倭政权》，对中国和日本古代国家形成过程进行了比较研究。在这部书中，延续了夏鼐先生以夏王朝的建立作为中华文明开端的观点。我以这部专著通过了日本九州大学的博士论文答辩，获得了我的第一个博士学位。从日本回国后，我不甘心终止日本和朝鲜半岛的考古学方面的研究，又于 1993 年师从中国著名学者、东亚考古学大家王仲殊先生，拿到了第二个博士学位。

此后，我遵从张忠培先生"回归主战场"的点拨，重新把主要精力放在中国商周考古学上。1996 年 8 月我担任中国社会科学院考古研究所商周考古研究室主任后，即于当年秋季率队开展了对河南偃师商城宫城内宫殿群的大规模发掘。恰巧从 1996 年开始，科技部实施的"九五"科技攻关项目——"夏商周断代工程"启动，我们中国社会科学院考古研究所是工程的主要承担单位。作为商周考古研究室的主任，我有幸直接参加断代工程，负责指挥我们研究室各个考古队配合工程开展工作。

2000 年断代工程结束后，我和其他参加工程的学者有一个共同的心愿，就是继续多学科结合的中华文明起源研究。2001 年，我在《光明日报》发表了题为《关于开展中华文明起源研究的几点建议》的文章，针对中华文明起源研究的指导思想、思路、技术路线、研究内容阐述了我们的想法，提出“多学科、多角度、全方位”地开展中华文明起源研究。我的想法得到科技部的认可，于是，2001 年科技部责成断代工程的首席专家之一——李伯谦先生，以及我和北大的赵辉教授共同负责探源工程的筹备。

鉴于开展探源工程，研究中华文明的起源与形成，涉及的学科、研究的难度比断代工程复杂得多，为了慎重起见，我们在得到科技部的同意后，于 2001 年年末到 2003 年年底先进行了两年多的探源工程预备性研究。

我们首先面临的问题是，探源工程要设置哪些课题。经过和很多相关学科的学者商议，最后决定，预备性研究设置如下课题：“古史传说和有关夏商时期的文献研究”“上古时期的礼制研究”“考古遗存的年代测定”“考古学文化谱系研究”“古环境研究”“早期金属冶铸技术研究”“文字与刻符研究”“上古天象与历法研究”“聚落形态所反映的社会结构”“中外古代文明起源的比较研究”十个课题。共有相关学科的数十位学者直接参加。经过两年多的研究，各个课题都有不同程度的成果。诸如传说和文献整理研究、文字与刻符的整理、上古天文与历法研究等课题，主要是整理了及至那个时期的研究成果，为全面开展中华文明探源工程奠定基础。

看到了预备性研究取得的成果，科技部感到，立项探源工程，支持我们研究中华文明的起源，有望取得成果，推进相关研究。

2004 年夏季，科技部决定正式启动“中华文明探源工程（第一阶段）”。由于当时“十五”计划仅剩两年的时间，我们把探源工程第一阶段研究的时空范围确定在公元前 2500 年至公元前 1500 年的中原地区。这个时间段就是文献记载的五帝时代到商代初年，是中国古代王权和国家形成和初步发展的时期。

我们以中原地区作为第一阶段工作的对象，引起了少数中原之外地区学者的质疑：为什么最先在中原地区开展？是不是“中原中心论”老调重弹？其实，这完全是误解。我们之所以考虑将中原地区作为探源工程第一阶段的研究区域，一是夏商周断代工程就是选择了这一区域，有研究的基础；二是，更重要的是，中原地区考古工作起步最早，70 多年来积累了大量的考古资料，考古学文化谱系的研究较为充分，考古学文化发展的脉络较为清晰，有关文明起源的研究基础也比较好；三是该地区是夏、商王朝的诞生地，流传下来较多的古史传说和历史文献，可以“从已知推未知”，从已经确凿无疑形成的文明向上追溯，这些都有利于探源工程的顺利实施。

第一阶段研究的时空范围确定之后，接下来面临的问题就是：工程第一阶段究竟设置哪几个课题？经过反复思考和讨论，我们对预备性研究设置的课题进行了取舍，设立了如下五个研究课题，这些课题成为探源工程第一到第四阶段的主要研究领域：

1. 公元前 2500 年至公元前 1500 年中原地区相关考古学文化分期谱系的精确测年；

2.公元前2500年至公元前1500年中原地区的自然环境研究；

3.公元前2500年至公元前1500年中原地区聚落形态所反映的社会结构研究；

4.公元前2500年至公元前1500年中原地区经济、技术发展状况研究；

5.综合与总结：公元前2500年至公元前1500年中原地区文明形态研究。

经过两年的研究，这几个课题都取得了阶段性成果。最为重要的是，摸索出一条多学科结合、开展中华文明起源研究的机制和技术路线，为在全国范围内全面实施探源工程打下了坚实的基础。

2006年，探源工程开始了第二阶段的研究。我们把工程研究的年代提早到公元前3500年到公元前1500年，研究的范围扩展到黄河、长江和辽河流域。之所以把研究的上限向前提早了1000年，是因为我们意识到，公元前3500年到公元前2500年这1000年，是中华文明起源、形成的关键时段。那时已经发现的牛河梁红山文化的坛冢庙和安徽凌家滩随葬上百件随葬品的高等级墓葬，它们的年代都是在公元前3500年左右，这些资料必须纳入工程的研究范围。此后，直到工程的第四阶段，时间范围都是保持了这一阶段设定的年代范围。探源工程第一到第四阶段研究的内容，沿袭了工程第一阶段的内容，即考古学文化谱系和重要都邑遗址的年代、各地自然环境状况及其变化、农业和手工业的发展状况、社会组织结构的发展状况以及各个课题的整合研究。

探源工程涉及的学科有近20个，其中自然科学的学科就有十三四个，是迄今世界上参与学科最多的研究人文学科重大问题的项目。这些学科的学者之间，以前虽然有个别、零星的交流乃至合作，但多局限于某一两个学科的少数学者，作为学科整体上很少进行合作。正因如此，工程实施之初，最为困难的是，各个学科究竟如何在工程研究中实现真正的有机结合。由于各个学科之间彼此不十分了解，在工程开始阶段，经常出现由于互不了解而产生误会的情况。

为了解决这一难题，真正做到多学科的有机结合，我们采取了以下措施：一是实行各个课题的双组长制，每个课题由一位考古学家和一位从事相关学科的学者担任组长，及时磋商课题研究中的多学科结合。二是由各个课题的组长组成工程执行专家组，我和赵辉教授任执行专家组组长。执行专家组成员共同商讨工程的技术路线，及时解决工程实施过程出现的各种学术问题。我们不定期地召开执行专家组会议，有多次会议是在工程的重点都邑遗址或其他中心性遗址召开的，各个学科的学者共同商量在该遗址中自己的学科能够发挥的作用，对田野考古人员提出相应的要求。三是要求从事“科技考古”的学者深入田野考古发掘现场，亲自取样，并在现场了解观察这些标本存在的地层和遗迹的情况，以便更好地了解这些标本的时代和社会背景，更准确地参与对这些标本包含信息的阐释。这些措施使各个学科相互加深了解，促进了各个学科的有机结合，保证了工程顺利实施。

在工程第三和第四阶段，我们在各个课题取得成果的基础上，提出了进一步的要求：在本课题中，加强本领域的研究与文明演进关系的研究，回答环境变化、农业和手工业的发展、精神文化的发展与文明的关系等问题。引导各个课题带着这些问题来研究各自的课题，这是对他们新的、更高的要求，也是当时各个相关学科最为欠缺的意识。这一举措取得了良好的效果，各个学科透物见人的意识大大增强，为研究和解释中华文明形成过程的背景、原因和机制等深层次的问题提供了条件。

经过大家的共同努力，工程取得了令人满意的成果。

1. 经过十几年的多学科研究，对中华文明的形成过程有了较为清晰的认识。距今 5000 年前后，在长江、黄河和辽河流域一些文化和社会发展较快的区域，社会分工和分化加剧，出现王权、阶级和国家，相继进入了古国文明的阶段。研究结果表明，中华五千年文明并非只是个传说，而是真实可信的历史。这对于中华民族以及全世界的炎黄子孙了解中华文明的悠久历史，增强民族自信和文化自信，实现民族的伟大复兴具有深远的意义。

2. 从各地有关文明起源的一系列考古发现中，总结出了符合中华文明的特质，判断一个社会进入文明的关键特征，丰富了世界文明起源研究的理论。

3. 通过多学科研究，对自然环境的变化与各区域性文明兴衰的关系、各地区文明形成时期的农业、手工业的发展、重要资源的获取，以及其与各地文明演进的关系有了较为全面的了解。也为今后在考古学乃至人文科学研究中的多学科结合摸索了经验，提供了借鉴。

4. 对距今 5500 年到 4000 年期间，各区域文明之间的交流互动、汇聚融合、最终形成以中原地区为中心的历史格局的过程，有了比较清晰的认识。研究结果表明，各个区域文明相互交流、借鉴、吸收、融合重组，在距今 4000 年前后，中原地区在汇聚了各地先进文化因素的基础上，形成了中国历史上第一个王朝——夏。此后，夏王朝又以自己独创的一整套礼仪制度对周围各地区施加了强烈的辐射，形成了中国历史上第一次“王朝气象”。在中华文明形成过程中，各地的史前文化都作出了贡献。揭示出中华文明这种“多元一体”的历史过程，对于增进中华民族的凝聚力具有重要意义。

令我终身难忘的是，2022 年 5 月 27 日，根据中共中央办公厅的安排，我向中共第十九届中央政治局汇报了探源工程的主要成果。之后，习近平总书记做了重要讲话。他首先对探源工程取得的成果给予了充分肯定，并就今后深入研究的方向和任务做了重要指示，为今后探源研究指明了方向。虽然距离那次汇报已经过去了将近一年的时间，但总书记的谆谆教诲至今仍响在耳边，激励我们更加努力地开展探源研究和宣传普及探源研究成果。

如今，探究文明源头的工作仍在继续。回忆之前的历程，感慨万千。我想代表参加工程的全体科研人员，对科技部、国家文物局充分尊重科研规律，尊重学者严谨扎实地开展探索，对学者的研究给予各方面的有力支持，表示由衷的感谢。我要感谢参加工程的近二十个学科的近 400 位学者，你们呕心沥血、夜以继日地潜心钻研，为中华文明起源研究作出了卓越贡献。我还要感谢所有为工程的实施和成果的宣传作出了贡献的人们。谢谢你们！[1]

【1】后记内容选自《王巍：我亲历的中华文明探源工程》，《光明日报》2020 年 10 月 28 日。

参考文献

已出版的著作

安徽省文物考古研究所：《凌家滩——田野考古发掘报告之一》，北京，文物出版社，2006 年。

北京大学考古学系著、中国社会科学院考古研究所编：《华县泉护村》，北京，科学出版社，2003 年。

成都文物考古研究所：《新津宝墩遗址调查与试掘简报（2009—2010 年）》，《成都考古发现 2009》，科学出版社，2011 年 12 月，第 1 版。

邓聪主编，郑州市文物考古研究院、香港中文大学中国考古艺术研究中心编：《牙璋与国家起源——牙璋图录及论集》，北京，科学出版社，2018 年。

《公元前 2500 年—公元前 1500 年中原地区农业经济研究》，《科技考古》第 2 辑，北京，科学出版社，2007 年。

郭伟民：《新石器时代澧阳平原与汉东地区的文化和社会》，北京，文物出版社，2010 年。

韩建业：《早期中国—中国文化圈的形成与发展》，上海，上海古籍出版社，2020 年。

河南省文物考古研究所、濮阳市文物保护管理所：《濮阳西水坡》，郑州，中州古籍出版社，2012 年。

河南省考古研究所：《舞阳贾湖》，北京，科学出版社，1992 年。

湖北省文物考古研究所、北京大学：《肖家屋脊》，北京，文物出版社，1999 年。

湖南省文物考古研究所：《彭头山与八十垱》，北京，科学出版社，2006 年。

湖南省文物考古研究所：《洪江高庙》，北京，科学出版社，2022 年。

李学勤主编：《中国古代文明与国家形成研究》，昆明，云南人民出版社，1997 年。

辽宁省文物考古研究所：《牛河梁——红山文化遗址发掘报告（1983—2003 年度）》，北京，文物出版社，2012 年。

南京博物院《赵陵山 1990—1995 年度发掘报告》，北京，文物出版社，2012 年。

南京博物院、张家港市文管办、张家港博物馆：《东山村——新石器时代遗址发掘报告》，北京，文物出版社，2016 年。

内蒙古自治区文物考古研究所等：《内蒙古清水河后城咀石城址遗址 2020 年发掘收获》，《2020 中国重要考古发现》，北京，文物出版社，2021 年。

山东省文物管理处、济南市博物馆:《大汶口——新石器时代墓葬发掘报告》，北京，文物出版社，1974 年。

山东省文物考古研究所:《大汶口续集——大汶口遗址第二、三次发掘报告》，北京，科学出版社，1997 年。

陕西省考古研究院等编著：《华县泉护村——1997 年考古发掘报告》，北京，文物出版社，2014 年。

Service, Elman R. Primitive Social Organization: An Evolutionary Perspective. RandonHouse, pp.59-177, 1962; Origins of the State and Civilization: The Process of CulturalEvolution. New York: W.W.Norton, pp.3-103,1975.（塞维斯：《国家与文明的起源》，上海，上海古籍出版社，2019 年。）

苏秉琦：《中国文明起源新探》，生活 · 读书 · 新知 三联书店，2000 年。

王巍主编：《中国考古学大辞典》，上海，上海辞书出版社，2014 年。

王志民：《山东省历史文化遗址调查与保护研究报告》，济南，齐鲁书社，2008 年。

夏鼐：《中国文明的起源》，北京，文物出版社，1985 年。

谢维扬：《中国早期国家》，杭州，浙江人民出版社，1995 年。

严文明：《中国史前文化的统一性和多样性》，《文物》1987 年第 3 期；严文明：《农业发生与文明起源》，北京，科学出版社，2000 年。

袁靖：《中国古代家马的研究》，《中国史前考古学研究——祝贺石兴邦先生考古半世纪暨八秩华诞文集》，西安，三秦出版社，2004 年。

赵辉:《中国北方的史前石镞》,《国学研究》第 4 卷，北京，北京大学出版社，1997 年。

赵辉:《考古学关于中国文明起源问题的研究》，《古代文明》第 2 卷，北京，文物出版社，2003 年。

赵辉：《考古学对中国文明起源的探索历程》，载于袁靖主编：《中国新石器时代考古讲义》，上海，复旦大学出版社，2020 年。

浙江省文物考古研究所：《瑶山》，北京，文物出版社，2003 年。

浙江省文物考古研究所、萧山博物馆:《跨湖桥——浦阳江流域考古报告之一》，北京，文物出版社，2004 年。

浙江省文物考古研究所：《反山》，北京，文物出版社，2005 年。

浙江省文物考古研究所、浦江博物馆：《浦江上山——浦阳江流域考古报告之三》，北京，文物出版社，2016 年。

中国文物报社、中国考古学会编：《中国百年百大考古发现》，北京：文物出版社，2022 年。

中国社会科学院考古研究所：《偃师二里头·1959—1978 年考古发掘报告》，北京，大百科全书出版社，1999 年。

中国社会科学院考古研究所、中国社会科学院古代文明研究中心：《中国文明起源研究要览》，北京，文物出版社，2003 年。

中国社会科学院考古研究所：《灵宝西坡墓地》，北京，文物出版社，2010 年。

中国社会科学院考古研究所：《二里头（1999—2006）》，北京，文物出版社，2014 年。

中国社会科学院考古研究所、山西省临汾市文物局：《襄汾陶寺 1978—1985 年考古发掘报告》，北京，文物出版社，2015 年。

已发表的报刊文章

《2022 年度全国十大考古新发现：聚焦夏商周三代 探寻何以中国》，《光明网》2023 年 3 月 26 日。

北京大学考古文博学院、北京大学考古学研究中心、北京市文物研究所：《北京市门头沟区东胡林史前遗址》，《考古》2006 年第 7 期。

北京大学考古文博学院、北京市文物研究所：《北京东胡林遗址发掘的主要收获》，北京市文物研究所东胡林考古队，2006 年。

北京大学考古文博学院、郑州市文物考古研究院：《河南新密李家沟遗址南区 2010 年发掘简报》，《中原文物》2018 年第 6 期。

蔡大伟、汤卓炜、陈全家、韩璐、周慧：《中国绵羊起源的分子考古学研究》，《边疆考古研究》第 9 辑，2010 年。

蔡大伟、孙洋、汤卓炜、周慧：《中国北方地区黄牛起源的分子考古学研究》，《第四纪研究》2014 年第 34 卷，第 1 期。

《城子崖遗址为批驳“中华文化西来说”提供力证》，《中国社会科学报》2015 年 4 月 17 日。

龚缨晏：《车子的演进与传播——兼论中国古代马车的起源问题》，《浙江大学学报（人文社会科学版）》2003 年第 3 期。

韩建业：《略论文化上“早期中国”的起源、形成和发展》，《江汉考古》

2015 年第 3 期。

何锟宇：《宝墩遗址：成都平原史前大型聚落考古新进展》，《中国文化遗产》2015 年第 6 期。

黑龙江省文物考古研究所、饶河县文物管理所：《黑龙江饶河县小南山遗址 2015 年Ⅲ区发掘简报》，《考古》2019 年第 8 期。

湖南省文物考古研究所、四川大学：《湖南澧县鸡叫城遗址》，《文博中国》2022 年 2 月。

湖南省文物考古研究所：《澧县鸡叫城古城址试掘简报》，《文物》2002 年第 5 期。

《湖南澧县鸡叫城遗址：澧阳平原上的史前文明遗珠》，《中国文化报》2022 年 6 月 16 日。

黄翔鹏：《舞阳贾湖骨笛的测音研究》，《文物》1989 年第 1 期。

佳木斯市文物管理站、饶河县文物管理所：《黑龙江饶河县小南山新石器时代墓葬》，《考古》1996 年第 2 期。

李伯谦：《中国文明的起源与形成》，《华夏考古》1995 年第 4 期。

李水城：《西北与中原早期冶铜业的区域特征及交互作用》，《考古学报》2005 年第 3 期。

李勇：《世界最早的观象台——陶寺观象台及其可能的观测年代》，《自然科学史研究》2010 年第 3 期。

刘斌：《杭州市余杭区良渚古城遗址 2006—2007 年的发掘》，《考古》2008 年第 7 期。

刘绪：《谈一个与早期文明相关的问题》，《中国历史文物》2009 年第 4 期。

马俊才：《河南南阳黄山遗址》，《大众考古》2020 年第 12 期。

莫多闻：《中华文明起源和早期发展的自然环境因素》，《中国文物报》2022 年 7 月 1 日，第 5 版。

南京博物院、张家港市文管办、张家港博物馆：《江苏张家港市东山村遗址崧泽文化墓葬 M90 发掘简报》，《考古》2015 年第 3 期，第 14—17、19 页。

内蒙古自治区文物考古研究院：《内蒙古清水河后城咀龙山时代石城瓮城发掘述要》，《考古与文物》2022 年第 2 期。

牛世山：《踏查亘上——2021 年殷墟商王陵及周边考古勘察记》。《大众考古》2022 年第 3 期。

彭小军：《寻找失落五千年的古城》，《光明日报》2019 年 6 月 2 日。

濮阳市文物管理委员会、濮阳市博物馆、濮阳市文物工作队：《河南濮阳西水坡遗址发掘简报》，《文物》1988 年第 3 期。

濮阳西水坡遗址考古队：《1988 年河南濮阳西水坡遗址发掘简报》，《考古》1989 年第 12 期。

《三星堆：独具个性的文明——专访四川省文物考古研究院三星堆遗址工作站站长、三星堆遗址考古发掘队领队雷雨》，《人民政协报》2022 年 10 月 24 日。

《三星堆遗址的一些“国家重宝”》，《人民政协报》2022 年 10 月 24 日。

山东大学考古学与博物馆学系、济南市章丘区城子崖遗址博物馆：《济南市章丘区焦家遗址 2016—2017 年大型墓葬发掘简报》，《考古》2019 年第 12 期。

山东省文物考古研究院：《山东滕州岗上遗址发现大汶口文化聚落》，《中国文物报》2022 年 3 月 25 日。

山西省考古研究所、兴县文物旅游局：《2015 年山西兴县碧村遗址发掘简报》，《考古与文物》2016 年第 4 期。

山西省考古研究所、山西大学考古学院、兴县文化和旅游局：《山西兴县碧村遗址小玉梁台地西北部发掘简报》，《考古与文物》2022 年第 2 期。

《四川宝墩遗址：能否揭开三星堆文明之谜》，《光明日报》2014 年 5 月 5 日，第 9 版。

《四项考古新成果揭示史前与夏商城址建制和文化发展脉络》，《中国文物报》2022 年 9 月 20 日，第 2 版。

苏秉琦：《辽西古文化古城古国——试论当前考古工作重点和大课题》，《辽海文物学刊》1986 年创刊号。

孙周勇、邵晶：《石峁遗址皇城台大台基出土石雕研究》，《考古与文物》2022 年第 4 期，第 43 页。

王巍：《我亲历的中华文明探源工程》，《光明日报》2020 年 10 月 28 日。

王巍：《坚持以马克思主义指导中华文明起源研究》，《光明日报》2022 年 6 月 6 日，理论版。

武家璧、陈美东、刘次沅：《陶寺遗址观象台的天文功能与年代》，《中国科学 G 辑》2008 年第 9 期。

吴伟华：《释卷拂尘觅古幽》，《中国社会科学报》2022 年 8 月 24 日，第 10 版。

肖永明：《首次发掘柳湾遗址》，《中国文物报》2001 年 8 月 12 日，第 1 版。

《新干商代大墓：一洲青铜改写历史》，《江西日报》2021 年 12 月 24 日，第 13 版。

许宏：《二里头遗址发掘和研究的回顾与思考》，《考古》2004 年第 11 期。

许宏、李志鹏、赵海涛：《河南偃师二里头遗址发现大型绿松石龙形器》，《中国文物报》2005 年 1 月 21 日。

《徐徐展开的高原史前文化——柳湾遗址发掘 40 周年暨柳湾彩陶博物馆建

馆 10 周年特刊》，《青海日报》2015 年 1 月 16 日。

《殷墟：中华文明探源的起点和基石——专访中国社会科学院考古研究所研究员、夏商周研究室主任徐良高》，《人民政协报》2022 年 11 月 22 日。

袁靖：《中华文明探源工程十年回顾：中华文明起源与早期发展过程中的技术与生业研究》，《南方文物》2012 年第 4 期。

袁靖、潘艳、董宁宁、司徒克：《良渚文化的生业经济与社会兴衰》，《考古》2020 年第 2 期。

《在郑州商城遗址"探商寻夏"》，《新华每日电讯》2022 年 7 月 29 日，第 12 版。

张忠培：《中国古代文明形成的考古学研究》，《故宫博物院院刊》2000 年第 2 期。

中国社会科学院考古研究所文明起源课题组：《中国文明起源研讨会纪要》，《考古》1992 年第 6 期。

赵宾福、孙明明、杜战伟：《饶河小南山墓葬出土玉器的年代和性质》，《边疆考古研究》2013 年第 2 期。

赵海涛：《二里头都邑聚落形态新识》，《考古》2020 年第 8 期。

赵辉：《古国时代》，《华夏考古》2020 年第 6 期。

赵辉：《良渚的国家形态》，《中国文化遗产》2017 年第 3 期。

赵晔：《余杭卞家山遗址发现良渚时期"木构码头"等遗存》，《中国文物报》，2003 年 9 月 23 日。

赵志军：《中华文明形成时期的农业经济发展特点》，《中国国家博物馆馆刊》2011 年第 1 期。

《关于夏商周文明形成时期农业经济特点的一些思考》，《华夏考古》2005 年第 1 期。

赵志军：《小麦传入中国的研究——植物考古资料》，《南方文物》2015 年第 3 期。

浙江省文物考古研究所：《杭州市余杭区良渚古城遗址 2006—2007 年的发掘》，《考古》2008 年第 7 期。

浙江省文物考古研究所：《杭州市良渚古城外围水利系统的考古调查》，《考古》2015 年第 1 期。

浙江省文物考古研究所：《杭州市良渚古城外郭的探查与美人地和扁担山的发掘》，《考古》2015 年第 1 期。

浙江省文物考古研究所、浦江博物馆：《浙江浦江县上山遗址发掘简报》，《考古》2007 年第 9 期。

浙江省文物考古研究所:《浙江义乌桥头遗址》,《大众考古》2016 年第 12 期。

郑州市文物考古研究院：《河南巩义市双槐树新石器时代遗址》，《考古》2021 年第 7 期。

《滕州岗上遗址发掘》，《中国文物报》，2021 年 3 月 25 日。

中国社会科学院考古研究所、博尔塔拉蒙古自治州博物馆、温泉县文物局:《新疆温泉县阿敦乔鲁遗址与墓地》，《考古》2013 年第 7 期。

中国社会科学院考古研究所二里头工作队：《河南偃师市二里头遗址中心区的考古新发现》，《考古》2005 年第 7 期。

中国社会科学院考古研究所二里头工作队：《河南偃师市二里头遗址宫殿区 5 号基址发掘简报》，《考古》2020 年第 1 期。

中国社会科学院考古研究所二里头工作队：《河南偃师二里头遗址中心区 2019 ～ 2020 年发掘收获》，《2020 中国重要考古发现》。

中国社会科学院考古研究所河南一队等：《河南灵宝市西坡遗址发现一座仰韶文化中期特大房址》，《考古》2005 年第 3 期。

中国社会科学院考古研究所河南一队等：《河南灵宝市西坡遗址庙底沟类型大型房址的发掘》，《考古》2015 年第 5 期。

中国社会科学院考古研究所、湖北省文物考古研究所、荆门市博物馆、沙洋县文物管理所：《湖北沙洋县城河新石器时代城址发掘简报》，《考古》2018 年第 9 期。

中国社会科学院考古研究所内蒙古工作队、中国科学院植物研究所：《内蒙古敖汉旗兴隆洼遗址发掘简报》，《考古》1985 年第 10 期。

中国社会科学院考古研究所内蒙古工作队：《兴隆洼聚落遗址发掘获硕果》，《中国文物报》1992 年 12 月 13 日。

中国社会科学院考古研究所内蒙古工作队：《内蒙古敖汉旗兴隆洼聚落遗址 1992 年发掘简报》，《考古》1997 年第 1 期。

中国社会科学院考古研究所山西工作队、临汾地区文化局：《山西襄汾县陶寺遗址发掘简报》，《考古》1980 年第 1 期。

中国社会科学院考古研究所山西工作队、临汾地区文化局：《1978—1980 年山西襄汾陶寺墓地发掘简报》，《考古》1983 年第 1 期。

中国社会科学院考古研究所山西工作队：《山西襄汾县陶寺城址祭祀区大型建筑基址 2003 年发掘简报》，《考古》2004 年第 7 期。

中国社会科学院考古研究所山西工作队、山西省考古研究所、临汾市文物局：《山西襄汾陶寺城址 2002 年发掘报告》，《考古学报》2005 年第 3 期。

中日联合考古调查队：《四川新津宝墩遗址 1996 年发掘简报》，《考古》

1998年第1期。

《最新发现：郑州商城首现“金面罩”，三星堆、金沙金面具或受其影响》，《成都商报·红星新闻》2022年9月16日。

鸣谢

◎ 在这本小书即将面世之际，我要感谢太多太多的人。

首先，我要向科技部和国家文物局表示衷心感谢！正是在你们的大力支持下，工程得以立项，并顺利开展。

我要向参加工程的 20 个学科、60 多个单位的 400 多位学者表示衷心感谢！在大家的共同努力下，克服了重重困难，才使工程得以顺利进行，并取得显著成果。我们一起为中华民族续写了家谱。

我要向我的好搭档——北京大学的赵辉教授表示衷心感谢。我俩共同担任探源工程负责人 15 年，他顾全大局，我俩配合默契，共同完成了国家交给我们的任务。经历的坎坷波折只有我们俩体会最深。他在工程的总体设计，各个课题的推进，特别是工程各个阶段的结项报告的撰写以及观点的凝炼方面作出了非常重要的贡献。

我要感谢作为项目主要承担单位的中国社会科学院考古研究所和北京大学考古文博学院的领导和同事们，你们是支持我们顺利开展探源工程的最可依靠的力量。

我要感谢为此书提供重要的考古新资料的河南、陕西、山西、山东、辽宁、甘肃、青海、安徽、江苏、浙江、上海、湖北、湖南、四川等省市的考古研究院、所和相关高校院系的领导和主持各个

作者与北京大学赵辉教授合影

发掘项目的领队及考古队员们，大家风餐露宿，顶酷暑，冒严寒，严谨认真地探索，通过艰辛努力，为探究中华文明起源与形成提供了极为重要的新资料。

我要感谢中央各个地方的广电部门和各平面新闻媒体长期以来对探源工程的宣传报道，使广大民众得以了解探源工程相关考古发现和研究进展，你们在学术界和民众之间搭起了桥梁，为增强民族文化自信作出了重要贡献！

我要感谢东方出版社的张德军社长、孙涵总编辑和责任编辑冯川以及其他编辑们，你们为此书的出版付出了艰辛的努力，作出了重要贡献！

最后，我要感谢我的家人。我领导探源工程的十五年期间，